인공지능과 다크 마케팅

AI문고

인공지능 시대입니다. 기계가 인간의 인지를 대신하고, 사물이 인간을 통하지 않고 다른 사물과 직접 커뮤니케이션합니다. 이에 따른 인간 삶과 문명 변화를 정확히 이해 · 예측 · 대응하는 것은 이 시대 우리 모두의 과제입니다. AI문고는 인공지능 기술과 환경의 여러 주제를 10가지 키워드로 정리합니다. 관련 개념과 이론, 학계와 산업계의 쟁점, 우리 일상의 변화를 다룹니다. 인간과 기술의 현재, 미래를 세심히 분석합니다.

일러두기

- 인명, 작품명, 저서명, 개념어 등은 한글과 함께 괄호 안에 해당 국가의 원어를 병기했습니다.
- 외래어 표기는 현행 어문규정의 외래어표기법을 따랐습니다. 다만 '딥러닝', '딥페이크' 등은 관행을 따랐습니다.
- 이 책은 2022년 대한민국 교육부와 한국연구재단의 지원을 받아 수행된 연구입니다(NRF-2022S1A5A2A01047573).

처음이세요?

전문가세요?

인공지능과 다크 마케팅

유승철

대한민국, 서울, 커뮤니케이션북스, 2025

인공지능과 다크 마케팅

지은이 유승철
펴낸이 박영률

초판 1쇄 펴낸날 2025년 5월 2일

커뮤니케이션북스(주)
출판 등록 2007년 8월 17일 제313-2007-000166호
02880 서울시 성북구 성북로 5-11
전화(02) 7474 001, 팩스(02) 736 5047
commbooks@commbooks.com
www.commbooks.com

ISBN 979-11-430-0074-3 03500

책값은 뒤표지에 표시되어 있습니다.

차례

인공지능, 마케팅의 기회인가 위기인가

기술이 발전할수록 우리는 더 많은 것을 알게 되는가, 아니면 더 정교하게 조종당하는가?

21세기 마케팅은 거대한 변혁의 시기를 맞이하고 있다. 디지털 기술이 발전하면서 광고는 단순한 정보 전달 수단을 넘어 소비자의 심리를 분석하고 행동을 예측하는 정교한 도구로 진화했다. 인공지능(Artificial Intelligence, AI), 빅데이터, 블록체인, 메타버스와 같은 최첨단 기술이 광고 산업에 접목되면서 기업들은 마케팅 효율성을 극대화할 기회를 얻게 되었지만 동시에 전례 없는 윤리적 위기와 직면하고 있다.

이제 광고는 단순한 상업적 메시지 전달이라는 기능을 넘어선다. AI 알고리즘은 소비자의 세부 관심사와 감정을 실시간으로 분석하고, 우리가 인식하기도 전에 구매를 유도한다. AI 기반 마케팅은 소비자의 구매 패턴을 정밀하게 예측하며, 맞춤형 광고를 실시간으로 제공할 수 있는 능력을 갖췄다. 하지만 이 과정에서 중요한 질문이 떠오른다. 이러한 기술 혁신은 마케팅을 새로운 기회의 장으로 만들고 있는가, 아니면 소비자 신뢰를 위협하는 브랜드의 위기로 작용하고 있는가?

디지털 시대가 열리면서 광고는 더욱 정교해졌고, 기업들은 AI를 활용해 개인 맞춤형 광고를 제공할 수 있게 되었다. 하지만 광고의 발전이 마케팅의 투명성을 높이는 것이 아니라 오히려 소비자 신뢰를 위협하는 방향으로 나아가고 있다는 우려 또한 커지고 있다. 최근 '다크 마케팅(dark marketing)'이라는 신개념이 등장하면서 소비자의 의사결정을 조작하고 심리적 취약성을 이용하는 기법이 점점 더 교묘해지고 있는 것이다.

과거의 '광고 윤리(advertising ethics)'가 주로 허위 광고(false advertising) 방지와 상거래에서 기업 간 공정 경쟁을 중심으로 이루어졌다면, 오늘날의 광고 윤리는 이용자 데이터 보호, AI 알고리즘의 공정성, 소비자 권리 보장 등의 문제를 포괄해야 하는 상황에 놓였다. 1984년에 최초로 제정된 한국광고윤리강령이 40년 만인 2024년에 개정된 것도 이러한 흐름을 반영한다. 광고가 단순한 상업적 도구를 넘어 사회적 책임을 지닌 콘텐츠로 자리 잡으면서 기업과 광고 플랫폼이 윤리적 기준을 수립하고 이를 실천해야 하는 시대가 도래했다.

AI 기반 광고의 가장 큰 윤리적 도전은 소비자의 '선택권'을 침해할 가능성이 있다는 점이다. AI는 우리가 클릭한 콘텐츠, 검색한 키워드, 심지어 우리가 대화를 나눈 주제까지 분석하고 통합해 초정밀 맞춤형 광고를 제공한다. 이는 소비자의 관심을 끄는 강력한 도구가 될 수 있지만, 동시에 우리가 원하지 않는 방향으로 결정을 내리도록 조종할 가능성도 있다. 우리는 발전하는 마케팅이 소비자의 긍정적 경험을 향상하는 것인지, 아니면 기업의 이윤을 극대화하기 위한 조작 도구로 변질되고 있는지를 냉정하게 평가해야 한다.

그러나 AI 기반 마케팅이 반드시 윤리적 딜레마를 초래하는 것은 아니다. 기업이 AI를 윤리적으로 활용하고 소비자의 신뢰를 회복하는 전략을 구축한다면 AI 마케팅은 위기가 아니라 기회가 될 수 있다. AI는 개인화된 소비자 경험을 제공하고 브랜드와 소비자의 관계를 더욱 깊이 있는 상호작용으로 발전시킬 수 있는 강력한 도구다.

이미 글로벌 선두 기업들은 AI 마케팅의 윤리적 활용을 고민하며 새로운 패러다임을 구축하고 있다. 예를 들어 일부 브랜드는 AI 알고리즘을 투명하게 공개하고 소비자가 자신의 데이터를 관리할 수 있도록 권한을 부여하는 방식으로 신뢰를 회복하고 있다. 또한 지속 가능한 소비와 공정한 마케팅을 실천하는 브랜드들은 AI를 활용해 고객과의 신뢰 기반 관계를 구축하고 있다. 윤리적 마케팅을 실천하는 브랜드는 소비자로부터 더욱 강한 충성도를 얻으며, 장기적으로 경쟁력을 강화하는 모습을 보이고 있다.

또한 AI가 광고 효율성을 극대화하면서도 윤리적 기준을 준수하도록 하는 '책임 있는 AI 마케팅(responsible AI marketing)'이 중요한 화두로 떠오르고 있다. AI를 윤리적으로 설계하고, 투명한 알고리즘을 기반으로 광고를 운영하며, 소비자가 자신의 데이터를 어떻게 사용할 것인지 직접 선택할 수 있도록 하는 방식이 점점 더 중요해지고 있다. 기업들은 이제 단순한 AI 광고 최적화가 아니라 소비자 신뢰와 브랜드 가치를 동시에 구축할 수 있는 '윤리적 마케팅 전략'을 고민해야 하는 시대를 맞이했다.

이 책은 AI 시대의 마케팅을 '기회와 위기'라는 두 가지 상반된 관점에서 분석한다. AI 기술이 광고 산업에 미치는 영향을 탐구하고 다크 마케팅과 소비자 조작의 문제를 짚어 보는 한편 윤리적 AI 마케팅으로 기업과 소비자 모두에게 새로운 기회를 창출할 방법을 모색하려 한다.

이 책은 AI가 광고 산업을 어떻게 변화시키고 있는지, 기업과 광고 플랫폼이 윤리적 기준을 어떻게 실천해야 하는지 분석하고 구체적 방향을 제시하는 것을 목표로 한다. AI 시대의 마케팅이 기회가 될지, 아니면 소비자 신뢰를 무너뜨리는 위기로 작용할지는 기업과 정책 입안자 그리고 소비자의 선택에 달려 있다. 광고가 단순한 정보 전달을 넘어 소비자의 삶과 신뢰를 형성하는 중요한 콘텐츠로 자리 잡은 지금, 기업과 마케팅 담당자들은 새로운 기준을 설정하고 윤리적 마케팅 패러다임을 만들어야 한다.

기술이 발전하는 만큼 마케팅의 원칙도 진화해야 한다. AI 시대의 마케팅이 위기가 아닌 기회로 작용하게 하려면 우리는 어떤 선택을 해야 할까? 이 책은 그 해답을 찾는 데 중요한 나침반이 될 것이다.

이 책의 구성

1장 "다크 마케팅의 시대"에서는 다크 마케팅이 등장한 배경과 현대 마케팅 환경에서 그것의 필요성을 분석한다. 디지털 광고 기술이 발전하면서 소비자의 심리를 조작하는 마케팅 기법이 어떻게 정교화하고 있는지 다루며, 다크 마케팅이 기존 마케팅 전략과 어떻게 차별화되는지 논의한다.

2장 "다크 마케팅의 개념"에서는 다크 마케팅이란 무

엇이며, 어떠한 요소들로 구성되는지 정의한다. 소비자의 인지적 취약성을 이용하는 기법과 그 원리를 설명하며, 디지털 광고에서 다크 마케팅이 활용되는 방식과 사례를 분석한다.

다크 패턴이란 디지털 환경에서 소비자의 행동을 조작하기 위해 의도적으로 설계된 기법을 의미한다. 3장 "다크 패턴과 소비자 행동 조작"에서는 주요 다크 패턴 유형(자동 갱신 함정, 숨겨진 비용, 강제 가입 등)을 분석하고, 이러한 기법이 소비자의 선택권을 어떻게 제한하는지 설명한다.

디지털 광고 환경에서 개인정보 보호 문제는 매우 중요한 이슈다. 4장 "소비자 개인정보 보호와 딥페이크 기술"에서는 AI 기반 광고가 소비자의 데이터를 어떻게 활용하는지, 개인정보 침해와 관련된 주요 사례는 무엇인지 그리고 딥페이크 기술이 광고 및 마케팅에 미치는 윤리적 영향을 분석한다.

AI 기술이 광고 최적화를 가능케 하면서 새로운 형태의 광고사기(ad Fraud)가 등장하고 있다. 5장 "광고사기와 인공지능"에서는 클릭 사기(click fraud), 가짜 광고 트래픽, 허위 리뷰 조작 등 광고사기의 주요 유형을 분석하며, AI가 광고사기를 방지하는 데 어떻게 활용될 수 있는지 논의한다.

6장 "브랜드 안전과 부정적 콘텐츠 관리"에서는 광고가 부적절한 콘텐츠와 함께 노출되는 것이 브랜드 이미지에 미치는 부정적 영향을 다룬다. 광고주들이 브랜드 안전을 보장하기 위해 어떤 전략을 채택해야 하는지, 부정적 콘텐츠 필터링에 AI 기술이 어떻게 활용될 수 있는지 탐색한다.

다크 마케팅은 기업의 단기적 이익을 극대화할 수 있지만, 장기적으로 소비자의 신뢰를 저하시킬 위험이 크다. 7장 "다크 마케팅의 법적 · 윤리적 문제"에서는 다크 마케팅과 관련된 글로벌 법적 규제와 윤리적 쟁점을 분석하고, 기업이 준수해야 할 주요 윤리 기준을 제시한다.

8장 "다크 마케팅과 기업의 윤리적 전환"에서는 다크 마케팅이 초래하는 부작용을 해결하고 윤리적 마케팅 환경을 구축하기 위해 기업이 나아가야 할 방향을 논의한다. 소비자 신뢰를 회복하는 브랜드 전략, 지속 가능한 마케팅 모델, 윤리적 광고 실천 방안을 제시한다.

9장 "다크 마케팅을 막기 위한 기술과 정책"에서는 기업과 광고 플랫폼이 다크 마케팅을 방지하기 위해 적용할 수 있는 기술적 · 정책적 대응 방안을 제시한다. AI 기반 광고 감시 시스템, 소비자 보호를 위한 데이터 프라이버시 기술, 광고 플랫폼의 자율 규제 모델을 분석하고 다크 마케팅을 억제할 수 있는 법적 대응 방안을 논의한다.

10장 "미래 마케팅과 광고윤리강령"에서는 국내에서 2024년 개정된 광고윤리강령을 중심으로 AI 시대의 광고 윤리 기준이 어떻게 변화하고 있는지 분석한다. 기업과 광고 플랫폼이 윤리적 기준을 실천하기 위해 취해야 할 전략을 논의하며, 글로벌 차원의 광고 윤리 표준 정립의 필요성을 강조한다.

이 책은 다크 마케팅의 개념과 유형을 체계적으로 분석하고, 디지털 광고 환경에서 발생하는 윤리적 문제를 조명하며, 윤리적 광고 실천을 위한 대안을 제시하는 것을 목표로 한다. 이 책이 기업과 광고 플랫폼이 소비자 신뢰를 회복하고 지속 가능한 마케팅 전략을 구축하는 데 기여할 수 있기를 기대한다.

감사의 말씀

이 책을 집필하는 과정에서 많은 분들의 도움을 받았다. 먼저 광고윤리강령 개정에 중요한 역할을 한 엄남현 교수(홍익대학교), 상윤모 교수(연세대학교), 양승광 박사(한국방송광고진흥공사), 정현영 팀장(한국광고총연합회)께 깊은 감사의 인사를 전한다. 이분들의 연구와 논의가 개정된 광고윤리강령의 기초를 마련했으며, 이 책에서도 그 내용을 반영할 수 있었다. 또한 한국광고총연합회와 한국광고주협회, 한국디지털광고협회를 비롯한 광고 관련 단체들의 협력에 감사드린다. 이들 단체는 광고윤리강령 개정 과정에서 중요한 역할을 했으며, 광고 산업이 윤리적으로 발전할 수 있도록 지속적인 노력을 기울이고 있다.

다크 마케팅에 대응하기 위해 불철주야 노력하고 있는 김지숙 팀장(한국방송광고진흥공사), 성윤택 박사(한국방송광고진흥공사), 변혜민 박사(한국방송광고진흥공사), 한창희 대표(펄스디), 이기환 팀장(와일드크리에이티브), 강승미 박사(이화여자대학교)를 포함한 동료 연구자들과 실무 전문가들께도 감사를 전한다. 이 책이 더욱 실질적인 내용을 담을 수 있었던 것은 이분들의 조언 덕분이었다. 마지막으로, 이 책을 꼼꼼히 편집해 주신 김하민 편집자(커뮤니케이션북스)에게 큰 감사를 드린다.

디지털 광고의 변화 속에서 기업과 소비자가 윤리적 기준을 고민하고 실천하는 데 이 책이 작은 이정표가 되기를 바란다. 광고 윤리는 단순한 규제나 지침이 아니라 광고 산업이 지속 가능하게 성장할 수 있게 하는 핵심 가치다. 이 책이 광고 윤리에 대한 논의를 확장하고, 기업과 소비자가 함께 윤리적 광고 문화를 만들어 가는 데 이바지할 수 있기를 바란다.

2025년 5월, 이화-포스코관에서
유승철

01
다크 마케팅의 시대

AI 기반 광고 기술은 맞춤형 마케팅의 효과를 극대화하지만, 개인정보 침해와 기만 광고 확산 등의 윤리적 문제도 초래하고 있다. 특히 생성형 AI의 발전은 가짜 리뷰와 조작된 광고 메시지 등 새로운 형태의 다크 마케팅을 더욱 정교하게 만들고 있다.

AI와 1인 창업?

소비자의 선택을 조종하는 기술의 진화

우리는 스스로 선택한다고 믿지만, 그 선택은 이미 정해져 있을지도 모른다. 디지털 시대가 도래하면서 마케팅은 상품 홍보를 넘어 소비자의 행동을 예측하고 조종하는 정교한 기술로 변모하고 있다. 과거 광고는 텔레비전, 신문, 라디오 등 전통적 미디어를 통해 일방적으로 전달되는 것이 일반적이었지만, 오늘날 AI와 빅데이터는 소비자의 심리와 구매 패턴을 실시간으로 분석해 맞춤형 광고를 제공하는 수준에 이르렀다.

이러한 기술 발전은 마케팅의 효과성을 비약적으로 높였지만, 동시에 소비자의 지각조차 없이 은밀하게 이루어지는 조작적 마케팅 기법, 즉 '다크 마케팅의 전성시대'를 열었다. 다크 마케팅은 소비자가 의식하지 못하는 방식으로 그들의 선택을 유도하고, 심리적 취약점을 공략해 의도하지 않은 소비를 하게 만든다. 이는 단순한 상업적 설득 커뮤니케이션을 넘어 정보의 비대칭성과 인간 심리의 허점을 이용해 소비자의 자유 의지를 잠식하는 전략이라고 볼 수 있다. 실제로 AI · 빅데이터 기술은 소비자 행동 예측의 정확도를 크게 향상했으나, 동시에 무의식적 조작 가능성을 증가시키고 있다(유승철, 2023a).

소비자가 원치 않는 서비스를 자동으로 구독하고, 취

소 버튼을 찾지 못해 불필요한 시간과 비용을 지불하는 경우가 늘어나고 있다. 특히 온라인 쇼핑과 구독 경제(subscription economy) 모델에서 다크 패턴 전략이 광범위하게 사용되고 있다. 무료 체험 기간이 끝난 후 자동으로 유료 결제가 진행되거나, 해지 과정을 의도적으로 복잡하게 만들어 소비자의 포기를 유도하는 방식이 대표적이다(김 · 장 법률사무소, 2023).

그렇다면 왜 기업들은 이런 마케팅 기법을 채택하는 것일까? 그 이유는 명확하다. 데이터가 곧 자본이 되는 '데이터 경제(data economy)'에서 시장에서 승리하려면 소비자의 주의를 끄는 것만으로는 부족하기 때문이다. 단순히 이용자의 클릭 수를 늘리는 것이 아니라 소비자가 무의식적으로도 기업이 원하는 방향으로 행동하도록 디자인하는 것이 현대 마케팅의 새로운 목표가 되었다.

AI와 머신러닝 알고리즘은 소비자의 과거 구매 기록, 검색 패턴, SNS 활동 등을 분석해 최적의 타이밍에 맞춰 최적화된 광고를 노출한다. 늦은 밤 직장 상사와의 갈등을 이유로 불안한 심리 상태에 있는 소비자에게 '지금 바로 OOO 자기개발서를 구매하면 불안을 해소할 수 있다'는 팝업 메시지를 띄우는 방식이 이에 해당한다(법무법인 세종, 2023).

문제는 이런 전략이 종국에는 소비자의 브랜드 신뢰를 갉아먹는다는 것이다. 오늘날 소비자는 점점 더 광고에 대해 회의적인 태도를 보이며, 기업의 마케팅 전략이 자신들을 기만하는 것이 아닌지 의심한다. 이는 단기적인 매출을 넘어, 기업의 장기적 생존과 브랜드 신뢰도에까지 영향을 미치는 중요한 문제다.

기술이 발전하면서 다크 마케팅이 더욱 정교해지고 있는 지금, 우리는 과연 어떤 방향으로 나아가야 할까? 마케팅은 단순히 소비를 유도하는 도구가 아니라 소비자와 기업 간의 신뢰를 형성하는 과정이어야 한다. 이를 위해서는 윤리적 마케팅의 기준을 재정립해야 하고, 소비자의 권리를 보호하는 규제와 가이드라인이 필수적으로 마련되어야 할 것이다.

AI 시대의 마케팅: 마케팅의 기회인가 윤리적 위기인가

광고는 더 이상 '보고' 지나치는 것이 아니다. 광고는 우리를 보고 있다. AI의 발전은 광고와 마케팅의 패러다임을 근본적으로 변화시키고 있다. 과거 광고가 대중을 대상으로 무작위로 노출되었다면, 이제 광고는 각 개인의 성향과 심리를 분석한 맞춤형 메시지를 제공하는 방식으로 진화했다.

대표적 사례가 넷플릭스(Netflix)와 아마존(Amazon)이다. 넷플릭스는 AI 알고리즘을 활용해 사용자의 시청 이력을 분석하고, 가장 적합한 콘텐츠를 추천하는 시스템을 구축했다. 비슷한 원리로 아마존은 고객의 구매 패턴을 분석해 필요한 제품을 예측하고 그에 맞는 광고를 노출한다. 이러한 '초개인화(hyper personalization) 전략'은 소비자 경험을 개선하는 강력한 도구가 되었으며, 마케팅의 효율성을 극대화하는 핵심 요소로 자리 잡았다.

하지만 문제는 AI 기반 마케팅이 편리한 추천 시스템을 넘어 소비자의 행동을 소비자의 의도에 반해 조작할 가능성까지 내포하고 있다는 점이다. AI는 소비자의 감정 상태까지도 분석할 수 있다. 예를 들어 감정 AI는 SNS 게시글과 검색 기록을 통해 사용자가 우울해하거나 스트레스를 받고 있는지 감지할 수 있으며, 이에 맞춰 특정 광고를 노출할 수도 있다. 우울한 소비자에게 자극적인 쇼핑 광고를 보여 주거나, 불안한 감정을 가진 사람에게 과도한 가격의 건강 보조제를 추천하는 방식은 AI 마케팅이 가져올 수 있는 윤리적 문제의 대표적 사례다. 넷플릭스 추천 알고리즘은 체류 시간을 18퍼센트 증가시켰

으나, 사용자의 34퍼센트가 "과도한 콘텐츠 푸시"에 피로감을 호소하기도 했다.

또한 AI를 활용한 광고 자동화는 기업이 비용을 절감하고 운영 효율성을 높일 수 있게 하지만, 동시에 가짜뉴스(fake news)나 기만적 광고(deceptive advertising)를 확산하거나 부정적인 사회적 분위기를 부추길 위험이 있다. AI는 인간보다 훨씬 빠르게 광고 콘텐츠를 생성하고 배포할 수 있기 때문에, 광고주조차 의도하지 않은 형태의 허위 광고나 소비자 오인을 유도하는 캠페인이 자동화될 가능성도 존재한다(유승철, 2023a).

결국 AI 마케팅의 발전은 소비자의 신뢰를 얻는 방식으로 활용될 수도 있지만, 반대로 소비자의 권리를 침해하고 공공성을 위협하는 방식으로 악용될 수도 있다. 기업들은 AI를 마케팅에 적용하면서 윤리적 가이드라인을 명확히 설정하고, 소비자의 데이터를 어떻게 활용하는지 투명하게 공개할 필요가 있다. 마케팅이 단순한 기술의 문제를 넘어 사회적 책임을 동반하는 시대가 된 것이다.

생성형 AI, 다크 마케팅의 새로운 국면

우리는 과연 무엇을 믿을 수 있을까? 생성형 AI(Generative AI)의 등장은 디지털 마케팅의 새로운 전환점을 만들고 있다. 이제 AI는 단순히 소비자의 행동을 분석하는 데 그치지 않고 스스로 광고 콘텐츠(user generated ad content)를 제작하고 캠페인을 기획하는 단계로 발전하고 있다.

예를 들어 AI 기반 챗봇(ChatGPT 등)이나 이미지 생성형 모델(DALL · E, Midjourney, 뤼튼 등)은 광고 카피를 자동으로 작성하고, 몇 초 만에 마케팅 이미지를 생성할 수 있다. 이는 기업의 마케팅 생산성을 극대화하는 혁신적 도구지만, 동시에 다크 마케팅이 한층 교묘하게 작동할 가능성도 높인다.

기업은 AI를 이용해 이용자인 척 가짜 리뷰를 생성하고, 소비자가 진짜라고 믿게 만드는 방식으로 광고를 진행할 수 있다. 또한 AI가 맞춤형 콘텐츠를 실시간으로 생성하면 소비자는 자신이 본 광고가 광고 기업이 제작한 것인지 AI가 조작한 것인지 구분하기 어렵다. 이처럼 AI가 광고 산업에서 점점 더 중요한 역할을 하게 될수록, 윤리적 기준을 설정하는 것이 더욱 시급한 과제가 된다. AI 기반 마케팅은 기술적 혁신을 넘어 소비자의 신뢰를 유지하고 기업의 사회적 책임을 다하기 위한 방향으로 발전해야 한다(유승철, 2023b).

이 책은 AI와 다크 마케팅의 관계를 명확히 하고, 기업이 기술을 윤리적으로 활용할 수 있도록 산업적 · 정책적 대응 방안을 제시하는 데 목적을 둔다. 단순한 문제 제기에 그치지 않고, AI 시대의 건강한 마케팅 생태계를 구축하기 위한 실질적 해결책을 모색하는 것이 이 책의 핵심 목표다. 결국 기술은 우리에게 기회를 줄 수도, 위기를 초래할 수도 있다. 어떤 선택을 할 것인지는 우리의 몫이다.

참고문헌

김·장 법률사무소(2023). 다크패턴 관련 규제동향. 김·장 법률사무소 뉴스레터, https://www.kimchang.com/ko/insights/detail.kc?idx=27417&sch_section=4

법무법인 세종(2023). 다크패턴 관련 규제동향. 법무법인 세종 뉴스레터, https://www.shinkim.com/kor/media/newsletter/2181

유승철(2023a). 생성형 인공지능 시대의 '다크 마케팅': 건강한 소비문화를 만들기 위한 당면과제. ≪KISO 저널≫, 51, 15-32쪽. https://journal.kiso.or.kr/?p=12284

유승철(2023b). '다크 마케팅' 그 문제와 대응방안. ≪KAA 저널≫, 7·8월호, 30-45쪽. https://www.kaa.or.kr/k/mag/2023/07_08/KAA_journal_2023_07-08_30.pdf

02
다크 마케팅의 개념

다크 마케팅은 소비자의 심리를 조작해 원치 않는 결정을 유도하는 기만적 전략으로, AI와 빅데이터 기술을 활용해 더욱 정교해지고 있다. 이는 다크 패턴, 허위 광고, 불법적 데이터 활용 등의 방식으로 소비자의 신뢰를 저해하며 브랜드 평판에도 부정적 영향을 미친다. 광고사기와 브랜드 안전 문제 또한 기업에 손실을 초래하며, 규제 당국은 이에 대한 법적 대응을 고심하고 있다.

AI와 MBTI?

다크 마케팅의 정의와 특징

다크 마케팅은 소비자의 신뢰를 침해하고 그들의 행동을 기만하는 비윤리적 마케팅 기법이다. 일반적인 마케팅 전략이 소비자에게 긍정적 경험을 제공하고 제품이나 서비스를 구매하도록 유도하는 것이라면, 다크 마케팅은 소비자가 선택하지 않을 옵션을 강제적으로 선택하게 만들거나, 불리한 조건을 숨기거나, 광고를 통해 소비자가 원하지 않는 제품을 구매하도록 강요하는 방식으로 소비자를 조작한다. 이러한 마케팅 기법은 디지털 플랫폼의 알고리즘과 데이터를 활용해 소비자의 심리적 취약점이나 무의식적 행동을 유도하는 형태로 나타난다.

다크 마케팅의 대표적 형태는 다크 패턴이다. 다크 패턴은 소비자가 의도하지 않은 결정을 내리도록 유도하는 UI(User Interface) 디자인 패턴을 일컫는다(한국소비자원, 2024). 온라인 쇼핑몰에서 상품을 장바구니에 담은 후 결제를 진행하는 과정에서 자동으로 추가된 상품이나 숨겨진 요금을 소비자가 쉽게 인식하지 못하게 만들거나, 서비스의 취소 절차를 복잡하게 만들거나, 의도치 않게 자동 갱신 서비스에 가입하게 만드는 방식이 대표적 다크 패턴에 해당한다. 이러한 패턴들은 소비자가 원하지 않는 행동을 강요하며, 그들의 결정 과정을 왜곡한다.

다크 마케팅의 대표적 특징은 '소비자 기만성과 정보 불투명성'에 있다. 다크 마케팅은 기만적 전략을 사용해 소비자를 속이거나, 의도하지 않은 결정을 유도한다. 소비자는 불투명한 정보 제공 탓에 중요한 정보를 알지 못한 채 결정을 내리게 된다(이경은, 2024). 실제로 소비자는 자신이 선택한 서비스나 제품의 조건을 충분히 이해하지 못한 채 광고를 보고 불리한 조건에 동의하는 경우가 많다. 소비자들은 의도치 않은 소비를 하게 되며, 결국 기업에 대한 신뢰를 잃는다(김혜진 · 정지복, 2024).

디지털 환경에서는 데이터와 알고리즘 사용이 다크 마케팅의 핵심 역할을 한다. AI와 빅데이터는 소비자의 행동을 예측하고 맞춤형 광고를 제공하는 데 강력한 도구로 활용된다. 그러나 이 데이터가 악용되면 소비자의 개인정보가 과도하게 수집되거나 소비자의 의도와 상관없이 제품을 구매하도록 유도하는 경우가 발생할 수 있다. 예를 들어 AI는 특정 소비자 집단(consumer segment)의 행동 패턴을 분석해 그들이 가장 많이 클릭할 만한 광고를 실시간으로 제공한다. 이때 소비자는 자신도 모르게 광고에 노출되며, 불리한 결정을 내릴 가능성이 높아진다. 이러한 방식은 특히 인지적 취약 계층인 아동이나 노인에게 더욱 위험하다.

또한 다크 마케팅은 심리적 압박을 통해 소비자가 의도치 않은 결정을 내리게 만들기도 한다. 예를 들어 '한정된 시간 내에만 제공되는 특별 할인'이나 '이제 마지막 기회!'와 같은 광고성 문구는 소비자에게 구매를 서두르도록 유도하는 심리적 압박을 가한다. 이러한 방식은 소비자가 신중하게 결정을 내리기보다는 순간적 감정에 의거해 결정을 내리게 한다. 이는 소비자가 원하지 않거나 필요하지 않은 제품을 구매하게 해 기업의 이익을 챙길 수는 있지만 소비자의 신뢰를 잃는 결과를 초래하며 불필요한 상품 유통으로 환경 파괴에 일조한다(이지혜 · 윤재영, 2023).

요컨대 다크 마케팅은 기업이 소비자를 속이거나 기만적 방식으로 그들의 선택을 조작하는 행위를 말한다. 이러한 전략은 일시적 마케팅 성과를 거둘 수 있지만 장기적으로는 소비자 신뢰를 저하할 뿐 아니라 사회적 신뢰를 잃게 할 수 있다. 또한 법적 · 윤리적 문제를 초래할 가능성이 커 규제와 관리가 필요하다. 디지털 마케팅 환경에서 다크 마케팅이 확산하면서 소비자 보호와 마케팅 윤리에 대한 논의가 점점 더 중요해질 것이다.

다크 마케팅의 주요 유형

다크 마케팅은 소비자와 광고주 모두에게 심각한 영향을 미치는 마케팅 전략으로, 그 주요 유형은 소비자를 대상으로 하는 기법과 광고주를 대상으로 하는 기법으로 나눌 수 있다(유승철, 2023a). 소비자를 대상으로 하는 다크 마케팅 기법은 주로 다크 패턴, 허위 광고, 기만 광고(deceptive advertising) 그리고 불법적 소비자 데이터 수집을 통한 광고로 구성된다. 광고주를 대상으로 하는 다크 마케팅 기법은 주로 광고사기와 브랜드 안전 문제와 관련된다. 각 유형은 서로 다른 방식으로 마케팅 환경을 왜곡하고, 소비자와 광고주에게 부정적 영향을 미친다(유승철, 2023b).

소비자를 대상으로 하는 다크 마케팅은 소비자에게 불리한 결정을 유도하거나, 광고를 통해 기만적 행동을 조장하는 전략을 포함한다. 이는 소비자의 선택권을 침해하고, 정보에 대한 접근을 제한하며, 불투명한 방식으로 광고와 마케팅을 수행한다. 주요 기법은 다크 패턴, 허위 광고, 기만 광고, 불법적 소비자 데이터 수집을 통한 광고다.

허위 광고는 다크 마케팅의 주요 기법 중 하나다. 허위 광고는 제품이나 서비스의 성능을 과장하거나, 잘못된 정보를 제공해 소비자가 오해하게 한다. 다이어트 보조제 광고에서 "한 달 만에 10킬로그램 감량 보장"과 같은 문구를 내세우거나, 화장품 광고에서 "100퍼센트 주름 개선 효과"를 주장하는 경우가 여기에 해당한다. 이러한 허위 광고는 소비자로 하여금 비현실적 기대를 갖게 만들고, 제품의 실제 효과와 차이가 있을 경우 큰 실망을 초래할 수 있다.

기만 광고도 다크 마케팅의 핵심 요소다. 이는 특정 제품의 기능이나 가격을 교묘하게 왜곡해 소비자가 올바른 판단을 내리지 못하게 하는 방식이다. 예를 들어 '무료 체험' 서비스를 제공한다고 광고하지만 실질적으로는 자동 결제가 설정되어 있어 소비자가 모르는 사이 요금이 청구되는 경우가 있다. 또한 상품 결제 페이지에서 추가 비용이 숨겨져 있거나, 최종 가격이 실제보다 낮게 표시된 후 결제 단계에서 추가 요금이 부과되는 사례도 기만 광고의 전형적 형태다.

불법적 데이터 수집을 통한 마케팅도 점점 더 정교해지고 있다. 여러 기업들이 소비자의 동의 없이 소비자 행동 데이터를 수집하고, 이를 광고 타기팅에 활용하는 방식이 문제로 지적된다. 예를 들어 SNS에서 사용자의 검색 이력이나 컴퓨터 이용 패턴, 대화 내용을 분석해 맞춤형 광고를 제공하는 방식이 있다. 소비자는 자신이 언제 어떤 정보가 수집되었는지 알지 못한 채 특정 광고에 지속적으로 노출된다. 데이터 수집이 과도하게 이루어지면 소비자의 프라이버시가 침해될 가능성이 높아진다.

광고사기는 광고주를 대상으로 하는 대표적 다크 마케팅 기법이다. 이는 가짜 클릭이나 가짜 트래픽을 생성해 광고주가 불필요한 광고비를 지출하도록 유도하는 방식으로 이루어진다. 봇(Bot. 자동화되고 반복적이며 사전 정의된 작업을 수행하는 소프트웨어 프로그램)을 활용해 광고 클릭 수를 부풀리거나, 실제로는 존재하지 않는 사용자에게 광고를 노출하는 방식이 대표적이다. 이러한 조작된 데이터를 기반으로 광고 성과를 분석하는 광고주는 실제 효과보다 훨씬 높은 광고 비용을 지출할 가능성이 크다.

브랜드 안전 문제도 광고주 사이에서 논란이 커지고 있는 다크 마케팅의 한 형태다. 이는 특정 브랜드의 광고가 부적절한 콘텐츠와 함께 노출되어 광고주의 브랜드 이미지에 부정적인 영향을 미치는 경우를 의미한다. 예를 들어 폭력적이거나 혐오 발언이 포함된 콘텐츠와 함께 광고가 게재되면 소비자는 해당 브랜드가 이러한 콘텐츠를 지지한다고 오해할 수 있다. 이러한 문제를 방지하기 위해 많은 기업들이 브랜드 안전성을 강화하기 위한 광고 필터링 시스템을 도입하고 있지만, 여전히 완벽한 해결책은 마련되지 않은 상태다.

광고 시장에서 경쟁이 심화하면서 다크 마케팅은 점점 더 정교하고 은밀한 방식으로 진화하고 있다. 소비자는 자신도 모르게 다크 패턴에 노출되고, 광고주는 조작된 광고 데이터로 인해 비효율적 마케팅 비용을 지출한다. 다시 말해 광고주는 무의미하게 광고비를 버리게 된다. 이러한 불공정한 환경을 타개하려면 관련 기관과 광고주가 다크 마케팅의 실태를 정확히 파악하고 이를 방지하기 위한 윤리적 가이드라인을 마련해야 한다.

다크 마케팅의 문제와 대응 방안

다크 마케팅이 초래하는 가장 큰 문제는 소비자의 신뢰를 무너뜨린다는 점이다. 소비자가 반복적으로 기만적인 광고나 다크 패턴을 경험하면 브랜드 전체에 대한 불신이 커진다. 이는 단기적 이익을 창출하는 데는 효과적일 수 있지만 장기적으로는 브랜드의 지속 가능성을 위협하는 요소로 작용한다. 그뿐 아니라 다크 마케팅은 법적 문제를 초래할 위험도 크다. 유럽연합(EU)의 일반 데이터 보호 규정(General Data Protection Regulation,

GDPR)이나 미국 연방거래위원회(FTC)의 소비자 보호 정책은 다크 패턴과 기만적 마케팅 기법을 엄격히 규제하고 있다.

그렇다면 기업은 어떻게 다크 마케팅의 유혹을 피하면서도 효과적인 마케팅 전략을 유지할 수 있을까? 윤리적 마케팅을 실천하는 브랜드들은 소비자와의 신뢰 구축을 최우선 과제로 삼고 있다. 일부 기업들은 광고 알고리즘을 투명하게 공개하고, 소비자가 자신의 데이터 사용 여부를 직접 설정할 수 있도록 하는 기능을 제공하고 있다. 또한 자동 결제나 구독 모델을 운영하는 기업들은 소비자가 쉽게 해지할 수 있도록 프로세스를 단순화하는 방식으로 소비자 보호를 강화하고 있다.

마케팅의 궁극적 목표는 소비자의 신뢰를 얻고 지속적 관계를 형성하는 것이다. AI와 빅데이터 기술이 발전하는 만큼 윤리적 마케팅 가이드라인을 구축하고 소비자 보호 정책을 강화하는 것이 기업의 지속 가능성을 확보하는 데 핵심 요소가 될 것이다.

참고문헌

김혜진·정지복(2024). 다크패턴 인식 이후 소비자 태도와 지속이용의도 관계에서 브랜드 신뢰의 매개효과 분석. *The*

Journal of the Convergence on Culture Technology, 10(6), 123-129쪽.

유승철(2023a). 생성형 인공지능 시대의 '다크 마케팅': 건강한 소비문화를 만들기 위한 당면과제. ≪KISO 저널≫, 51, 15-32쪽.
https://journal.kiso.or.kr/?p=12284

유승철(2023b). '다크 마케팅' 그 문제와 대응방안. ≪KAA 저널≫, 7·8월호, 30-45쪽.
https://www.kaa.or.kr/k/mag/2023/07_08/KAA_journal_2023_07-08_30.pdf

이경은(2024). 디지털 서비스에서의 사용자 경험: 넛지와 다크패턴의 윤리적 경계와 규제. *KISDI Perspectives*, 2, 1-15쪽.
https://library.kisdi.re.kr/$/10160/contents/4334696?articleId=1790597

이지혜·윤재영(2023). 모바일 쇼핑 앱 다크 패턴 디자인이 사용자 경험에 미치는 영향: 조절 초점 성향별 감정 반응을 중심으로. ≪한국HCI학회 논문지≫, 18(4), 5-20쪽.
https://doi.org/10.17210/jhsk.2023.12.18.4.5

한국소비자원(2024). 온라인 쇼핑몰의 다크패턴 실태조사.
https://www.kca.go.kr/home/sub.do?menukey=4002&mode=view&no=1003584350

Federal Trade Commission(2023.3.16). FTC issues orders to social media and video streaming platforms regarding efforts to address surge in advertising for fraudulent products and scams.
https://www.ftc.gov/news-events/news/press-releases/2023/03/ftc-issues-orders-social-media-video-streaming-platforms-regarding-efforts-address-surge-advertising

03
다크 패턴과 소비자 행동 조작

다크 패턴은 디지털 환경에서 소비자의 의사결정을 교묘하게 조작하는 설계 기법으로, 기업이 원하는 방향으로 행동을 유도하는 방식으로 작동한다. 온라인 쇼핑몰, 구독 서비스, 소셜 미디어 플랫폼 등에서 정보 은폐, 자동 갱신, 선택 강요 등의 전략이 활용되며, 소비자는 자신도 모르게 불리한 결정을 내리게 된다.

AI와 난임 극복?

디지털 환경과 소비자 선택의 조작

디지털 환경이 일상에 깊숙이 스며들면서 소비자의 선택 방식 또한 근본적으로 변화하고 있다. 과거에는 제품을 직접 보고 구매하는 것이 일반적이었지만, 오늘날 대부분의 소비자는 모바일 쇼핑몰이나 검색 포털에서 제공되는 정보에 의존해 구매 결정을 내린다.

인터넷 쇼핑몰, 모바일 애플리케이션, 온라인 플랫폼이 소비자의 행동을 유도하는 방식은 점점 더 정교해지고 있다. 이는 기업들에게 새로운 기회를 제공하는 동시에 소비자의 자유로운 선택권을 제한하는 문제를 낳고 있다. 이러한 흐름 속에서 '다크 패턴'이라는 신개념이 등장했다. 다크 패턴은 사용자의 심리를 교묘하게 조작해 특정 행동을 유도하는 디지털 설계 기법을 의미한다.

다크 패턴은 소비자의 인지적 취약성을 활용하는 방식으로 작동한다. 소비자는 표면적으로는 자신의 선택이 자발적이며 논리적인 판단의 결과라고 믿지만, 실제로는 특정한 환경적 요소와 설계적 기법이 그들의 결정을 조종하고 있다. 이는 단순한 마케팅 기법이 아니라 디지털 인터페이스를 통해 소비자의 행동을 교묘하게 조작하는 전략이다. 다크 패턴이 설계되는 방식은 주로 인간 심리학과 행동경제학의 원리에 기반한다. 빠르고 무의식적인 결정을 유도하는 것이 다크 패턴의 핵심이다.

다크 패턴의 주요 사례

디지털 환경에서 다크 패턴은 기업이 소비자의 행동을 조작하고 특정 선택을 유도하는 방식으로 점점 정교해지고 있다. 이는 단순한 심리적 유도 수준을 넘어 소비자의 자유로운 선택을 제한하고 기업이 원하는 방향으로 결정을 내리도록 조정하는 구조적 기법으로 작동한다. 공정거래위원회의 2023년 분류 체계에 따르면 다크 패턴은 편취형 · 오도형 · 방해형 · 압박형이라는 네 가지 범주로 세분화된다. 다크 패턴의 개념과 설계 원리를 이해하는 것도 중요하지만, 실제 사례를 통해 살펴보면 그 영향력을 더욱 분명하게 파악할 수 있다.

이 장에서는 온라인 쇼핑몰, 구독 서비스, 소셜 미디어 플랫폼, 모바일 애플리케이션 등 다양한 디지털 환경에서 다크 패턴이 어떻게 구현되고 있는지 구체적 사례를 분석하고(권혜원 외, 2024), 소비자가 경험하는 문제와 기업의 대응 전략을 함께 살펴보겠다.

전자상거래 플랫폼은 소비자의 구매 결정을 유도하는 대표적 다크 패턴 활용 사례를 보여 준다. 가장 흔한 방식은 '한정된 시간 내 구매'라는 압박을 통해 소비자가 신속한 결정을 내리도록 하는 것이다. 온라인 쇼핑몰에서는 제품 상세 페이지에 "현재 이 상품을 보고 있는 사람이 17명 있습니다" 또는 "5분 내 구매하지 않으면 이 가격이 사라집니다"와 같은 문구를 삽입해 소비자의 긴박감을 조성한다. 이는 충동구매를 유도하는 방식으로, 소비자가 가격을 비교하거나 제품의 필요성을 충분히 검토할 시간을 주지 않는다는 점에서 윤리적 문제가 발생한다.

또한 무료 배송 기준을 높여 소비자가 추가 구매를 하도록 유도하는 전략도 사용된다. 특정 금액 이상 구매해야만 무료 배송이 적용되도록 설정하고, 장바구니에 담긴 금액이 그 기준보다 약간 부족한 경우 추가 상품을 추천한다. 소비자는 추가 비용을 지출하지 않으면 손해를 보는 것처럼 느끼고, 계획에 없던 물품을 구매하게 된다.

구매 후 단계에서도 다크 패턴이 활용된다. 결제 과정에서 추천 상품을 기본적으로 장바구니에 포함시키거나 사용자가 제거하지 않는 한 자동으로 추가되는 방식도 있다. 예를 들어 한정 수량 할인이라는 이름으로 특정 부가 서비스가 자동 추가되거나, 제품 보증 연장 옵션이 기본적으로 선택된 상태로 제공되기도 한다. 이러한 방식은 소비자가 자신이 실제로 원하는 옵션이 무엇인지

고민할 틈을 주지 않고 기본 설정을 그대로 따르게 한다. 다크 패턴을 조사한 한 연구는 유럽 인기 웹사이트 중 97퍼센트가 기본값 조작 다크 패턴을 사용하는 것을 확인했다(Zac et al., 2025).

구독 서비스에서는 자동 갱신 트랩이 사용된다. 온라인 콘텐츠와 소프트웨어 서비스의 구독 모델이 확산되면서 다크 패턴은 이들 플랫폼에서 더욱 자주 나타나고 있다. 넷플릭스, 스포티파이, 애플 뮤직과 같은 스트리밍 서비스뿐 아니라, 클라우드 스토리지, 뉴스 구독 서비스, 헬스케어 앱 등에서도 비슷한 방식이 적용된다.

가장 대표적인 방식은 무료 체험판 제공 후 자동으로 유료로 전환되는 시스템이다. 사용자는 '7일 무료 체험' 또는 '첫 달 무료'와 같은 혜택을 보고 서비스를 이용하지만, 무료 체험이 끝나는 즉시 결제가 진행된다. 이는 사용자가 명확히 동의하지 않은 상태에서 이뤄지는 경우가 많으며, 실제로 결제가 진행된 이후에야 인지하는 소비자도 적지 않다.

또한 서비스 해지 과정을 복잡하게 만드는 방식도 있다. 가입은 몇 초 만에 가능하지만, 해지는 여러 단계의 복잡한 절차를 요구하는 구조로 설계된다. 일부 플랫폼에서는 웹사이트에서 구독을 해지할 수 없게 하고 고객

센터에 전화해야만 해지가 가능하게 해 소비자가 번거로움을 느껴 서비스를 유지하게 한다. 또한 해지를 시도할 경우 "지금 해지하면 50퍼센트 할인 혜택을 놓치게 됩니다"와 같은 유혹적 메시지를 띄워 사용자가 결정을 재고하도록 유도하기도 한다.

이러한 방식은 소비자가 명확한 정보 없이 장기적 비용을 부담하게 하며, 불필요한 결제를 유도하는 형태로 작동한다. 기업의 수익성을 높이는 데에는 기여할 수 있지만, 소비자의 신뢰를 떨어뜨리고 브랜드 이미지에 부정적 영향을 미치는 결과를 초래할 가능성이 크다.

소셜 미디어 플랫폼은 사용자의 지속적 참여를 유도하기 위해 다크 패턴을 적극 활용한다. 페이스북, 인스타그램, 틱톡과 같은 플랫폼은 사용자들이 가능한 한 오랜 시간을 머무르도록 설계되어 있으며, 이는 광고 수익을 극대화하는 데 중요한 요소가 된다.

알림 시스템을 조작하는 방식도 대표적인 다크 패턴 사례 중 하나다. 소셜 미디어 플랫폼은 사용자가 앱을 닫은 후에도 계속해서 다시 돌아오도록 만들기 위해 '알림 조작'을 활용한다. 예를 들어 실질적인 중요도가 낮은 알림도 사용자에게 전달하며, 사용자가 알림을 클릭하면 플랫폼에 머무르는 시간이 증가한다. 일부 플랫폼에서는 '새로운 댓글이 달렸습니다'라는 알림을 보내지만, 실제로는 사용자가 직접 남긴 댓글에 대한 자동 반응이거나 중요하지 않은 내용인 경우가 많다.

개인정보 보호와 관련된 설정을 복잡하게 만들어 사용자가 데이터를 공유하도록 유도하는 방식도 있다. 사용자가 개인정보 보호 옵션을 변경하려 하면 여러 단계의 설정을 거쳐야 하며, 특정 옵션이 기본적으로 활성화되어 있어 소비자가 이를 인지하지 못하는 경우도 있다. 위치 추적 기능이 기본적으로 활성화된 상태로 제공되거나 친구 목록을 공개하지 않게 설정하려면 수많은 옵션을 하나씩 조정해야 하는 등 불편한 절차를 요구하는 방식이 이에 해당한다.

이러한 기법들은 사용자 경험을 조작하고 소비자가 원치 않는 방식으로 데이터를 제공하게 한다는 점에서 윤리적 논란을 지속적으로 불러일으키고 있다.

다크 패턴이 초래하는 문제

다크 패턴을 활용하는 전략은 단기적으로 기업의 매출을 증가시킬 수 있지만, 소비자가 불합리한 방식으로 유도된 선택을 알아낼 때 기업에 대한 부정적 인식을 형성할 가능성이 높아진다. 이는 결국 브랜드에 대한 신뢰 하락으로 이어진다.

한 글로벌 조사에서는 다크패턴의 영향으로 소비자의 40퍼센트가 의도치 않은 지출 경험이 있다고 밝혔다. (Williams, 2023). 소셜 미디어와 온라인 커뮤니티가 발달하면서 소비자들은 자신이 경험한 부정적 사례를 빠르게 공유할 수 있다. 특정 기업이 다크 패턴을 활용해 소비자를 조작하고 있다는 사실이 미디어를 통해 공론화되면 기업의 이미지에 치명적 손실을 가져올 수 있다. 단기적 수익을 추구하기 위해 소비자의 권리를 침해하는 전략은 결국 법적·윤리적 문제를 초래할 가능성이 크다.

다크 패턴이 법적 규제를 받으면서 이를 남용하는 기업은 신뢰를 잃을 뿐 아니라 법적 책임까지 져야 할 가능성이 커지고 있다. 실제로 유럽연합 14개국에서는 온라인 장바구니의 투명성 강화를 목표로 할인 적용 전후 가격 병기를 의무화하고 있다. 미국 연방거래위원회에서는 유명 게임 제작사인 에픽게임스(Epic Games)의 자동결제 소비자 미공지에 대한 벌금으로 5.2억 달러를 청구하기도 했다.

기업이 지속 가능한 성장을 이루려면 소비자의 신뢰에 기반한 윤리적 마케팅 전략을 채택해야 한다. 투명하고 공정한 정보 제공, 소비자의 자율적 선택을 보장하는 인터페이스 설계, 사용자의 데이터 권리를 존중하는 방식으로 운영되는 서비스가 미래의 기업 경쟁력을 결정할 것이다.

이제 소비자는 광고를 단순한 정보 전달 수단이 아니라 기업의 가치를 반영하는 요소로 인식한다. OECD 2025년 리포트에 따르면 윤리적 마케팅을 실행하고 있는 기업은 14퍼센트포인트 더 높은 장기 성장률을 기록했다. 그러나 다크 패턴의 진화 속도(연간 23퍼센트)가 규제 개선 속도(연간 7퍼센트)를 크게 상회하는 것은 주요 문제로 지적되었다. 다크 마케팅과 싸우기 위해서는 기술 · 정책 · 디지털 리터러시 교육의 균형 전략이 필요하다. 아울러 건전한 마케팅 문화를 만들려면 소비자 피드백 실시간 모니터링 시스템이 도입되어야 한다(Zac et al., 2025).

기술의 발전은 필연적으로 새로운 마케팅 기법을 창출하지만, 기업이 그것을 어떻게 활용하느냐에 따라 브랜드의 방향성이 달라진다. 소비자와의 신뢰를 기반으로 한 마케팅 전략이야말로 지속 가능한 성장을 가능하게 하며(유승철, 2023), 다크 패턴이 아니라 '투명성과 정직함'이 디지털 마케팅의 새로운 표준이 되어야 한다.

참고문헌

권혜원 외(2024). 디지털 플랫폼의 다크패턴과 관련한 법적 검토 및 향후 정책방향에 대한 연구: 소비자 다크패턴 피해 유형 분석과 해외 입법례 비교를 중심으로. ≪미디어 경제와 문화≫, 22(2), 109-143쪽.

유승철(2023.1.22). "소비자 기만형 디지털 광고, 범부처 가이드라인 필요". ≪한국경제≫, https://www.hankyung.com/article/202301228473Y

Williams, S.(2023.12.15). Study highlights consumer distrust due to dark design patterns. CMOtech, https://cmotech.uk/story/study-highlights-consumer-distrust-due-to-dark-design-patterns

Zac, A. et al.(2025). Dark patterns and consumer vulnerability. *Behavioural Public Policy*. https://www.cambridge.org/core/journals/behavioural-public-policy/article/dark-patterns-and-consumer-vulnerability/83EF6347CCB19EDA195C54229D34D3A8

04
소비자 개인정보 보호와 딥페이크 기술

AI와 빅데이터 기술의 발전으로 소비자의 개인정보 수집과 활용이 더욱 정교해지면서 프라이버시 침해에 대한 우려가 커지고 있다. 특히 딥페이크 기술이 광고에 도입되면서 가짜 정보와 조작된 콘텐츠가 소비자의 신뢰를 위협하고 있다.

AI와 사주?

다크 마케팅과 소비자 개인정보 위협

디지털 기술의 급속한 발전은 소비자의 개인정보 보호 문제를 새로운 차원으로 확장하고 있다. 특히 AI와 빅데이터가 마케팅의 핵심 요소로 자리 잡으면서 소비자의 행동 데이터를 수집하고 분석하는 방식이 더욱 정교해졌다. 개인 맞춤형 광고, 추천 알고리즘, 소비자 프로파일링과 같은 기술이 기업의 마케팅 전략을 강화하는 한편, 개인정보가 무분별하게 활용될 수 있다는 우려도 커지고 있다. 이와 동시에 AI를 활용한 딥페이크(deepfake) 기술이 발전하면서 소비자의 신뢰를 악용하는 기만적 마케팅 기법이 새로운 위협으로 부상하고 있다.

소비자가 온라인 서비스나 앱을 이용할 때 동의하는 이용약관과 개인정보 보호 정책은 종종 길고 복잡하게 작성되어 있어 대부분의 사용자는 이를 자세히 읽지 않고 동의하는 경향이 있다. 이에 따라 기업들은 소비자의 동의를 받은 것으로 간주하고 방대한 양의 데이터를 수집하며, 이를 광고 타기팅이나 맞춤형 서비스 제공에 활용한다. 그러나 소비자가 제공한 정보가 예상치 못한 방식으로 활용될 경우, 이는 소비자 신뢰를 저하시킬 뿐 아니라 법적 문제를 야기할 수도 있다(Digital Samba, 2024).

딥페이크 기술은 특정 인물의 얼굴이나 목소리를 AI로 합성해 실제처럼 보이게 만드는 기술로, 주로 엔터테인먼트 부문이나 콘텐츠 제작에 활용된다. 그러나 최근에는 광고 및 마케팅에도 적용되기 시작했다. 이 기술이 긍정적 방향으로 활용될 가능성도 있지만, 기업이 소비자의 신뢰를 조작하는 데 사용할 경우 윤리적 논란이 불가피하다.

시애틀코리안데일리의 보도에 따르면, 트랜스패런시 컴퍼니(The Transparency Company)의 보고서에서 주택, 법률, 의료 서비스 분야의 리뷰 7300만 건 중 약 14퍼센트가 위조된 것으로 의심되며, 이 중 230만 건은 AI로 작성된 것으로 확인되었다(시애틀코리안데일리, 2024). 이는 AI 기술이 소비자 인식에 미치는 영향이 갈수록 커지고 있으며, 가짜 리뷰가 브랜드 이미지와 소비자 신뢰 형성에 직접적 영향을 미칠 수 있음을 시사한다.

딥페이크 기술이 마케팅에 적용되는 방식 중 하나는 바로 가상 인플루언서(virtual influencer)를 제작해 특정 브랜드를 홍보하는 것이다. 실제 존재하지 않는 가상의 인물이 SNS에서 활동하며 제품을 추천하거나, 특정 브랜드를 사용하는 모습을 보여 줌으로써 소비자가 신뢰감을 형성하도록 유도한다. 이러한 방식은 기존 인간 광고 모델과 달리 인플루언서의 이미지와 메시지를 기업이 완벽하게 통제할 수 있다는 점에서 기업에게 유리하다. 하지만 소비자 입장에서는 실제가 아닌 가상 모델인 줄 모르고 소통할 수 있다는 점에서 기만적 요소가 될 수 있다.

딥페이크 기술을 활용한 광고에서는 유명인의 얼굴과 목소리를 조작해 특정 브랜드를 홍보하는 경우도 나타나고 있다. 소비자가 신뢰하는 유명인의 얼굴을 AI로 합성해 광고에 등장시키고, 해당 인물이 특정 제품을 추천하는 것처럼 보이게 만드는 방식이다. 이는 소비자가 광고의 진위를 판단하기 어렵게 만들며, 결과적으로 기업이 제공하는 메시지의 신뢰성을 떨어뜨릴 위험이 크다.

개인정보 보호와 딥페이크 기술의 윤리적 문제를 해결하기 위해서는 더욱 명확한 규제와 소비자 보호 장치가 필요하다. 유럽연합은 일반 데이터 보호 규정을 통해 개인정보 활용의 투명성을 강화하고 있으며, 미국의 캘리포니아 소비자개인정보보호법(California Consumer Privacy Act, CCPA) 또한 소비자가 자신의 데이터를 기업이 어떻게 활용하는지 확인하고 이를 통제할 수 있도록 하는 권리를 보장하고 있다. 캐나다에서는 개인정보 보호법(Consumer Privacy Protection Act)과 퀘벡의 로

25(Law 25)가 시행되며 데이터 수집에 대한 규제가 강화되고 있다. 그러나 법적 규제가 기술 발전의 속도를 따라잡지 못하는 경우가 많으며, 특히 AI 기반 기술이 빠르게 발전하면서 새로운 윤리적 문제들이 발생하고 있다.

기업은 안면 정보를 비롯한 소비자의 고유 데이터를 활용하는 과정에서 투명성을 유지해야 하며, 데이터 활용 방식에 대해 명확하게 고지하고, 소비자가 자신의 정보를 쉽게 관리할 수 있도록 해야 한다. 또한 딥페이크 기술을 활용한 광고는 소비자가 명확하게 인지할 수 있도록 라벨링(labeling)하는 방식이 필요하며, 가짜 정보가 소비자를 기만하는 방식으로 활용되지 않도록 하는 윤리적 기준이 마련되어야 한다.

딥페이크의 문제점과 광고에서의 사용

AI 기반 딥페이크 기술은 정보 조작과 소비자 기만이라는 새로운 윤리적 문제를 불러일으키며 광고의 신뢰성을 심각하게 위협하고 있다. 딥페이크는 AI와 머신러닝을 활용해 얼굴과 음성을 변형할 수 있는 기술로, 원본과 거의 구별할 수 없는 가짜 영상을 만들어 낼 수 있다. 이 기술은 처음에는 영화와 게임 산업에서 현실감 있는 캐릭터를 제작하는 도구로 사용되었으나 최근에는 정치적 프로파간다, 허위 정보 유포 그리고 광고 산업에서의 기만적 마케팅 기법으로 악용되는 사례가 늘어나고 있다.

딥페이크 기술의 발전은 소비자가 진실과 거짓을 구별하기 어려운 환경을 조성한다. 최근 허위 정보가 급속도로 확산되는 가운데 딥페이크가 가짜 뉴스, 조작된 인터뷰, 허위 광고 등의 형태로 이용될 가능성이 커지고 있다. 광고에서는 특정 인물의 얼굴과 음성을 합성해 실제로 존재하지 않는 광고 모델을 만들어 내거나 유명인을 허가 없이 광고에 등장시키는 방식으로 악용될 수 있다.

예를 들어 한 기업이 특정 유명인의 얼굴을 합성해 해당 인물이 제품을 추천하는 것처럼 보이게 만들었다고 가정해 보자. 소비자는 실제로 해당 인물이 제품을 추천한 것으로 오해할 가능성이 크며, 기업은 이러한 기만적 전략을 통해 신뢰도를 조작할 수 있다. 하지만 나중에 이러한 사실이 밝혀지면 해당 브랜드는 소비자의 강한 반발을 불러일으키며 신뢰를 잃게 될 것이다.

소셜 미디어에서 딥페이크 기술이 사용될 경우 그 영향력은 더욱 증폭된다. 인플루언서 마케팅이 활성화된 요즘 환경에서 광고주는 특정 인플루언서의 얼굴을 딥페이크 기술로 변형해 광고에 활용할 수 있다. 문제는 소비자가 해당 인플루언서가 실제로 그 제품을 추천한 것인지 아니면 단순히 AI 기술을 이용해 만들어진 허위 광고인지 구별하기 어렵다는 점이다. 이처럼 딥페이크 광고는 소비자의 의사결정을 왜곡하고 잘못된 정보로 불필요한 소비를 유도할 위험이 크다.

정치적 프로파간다와의 결합도 문제의 소지가 크다. 딥페이크 기술을 이용해 특정 정치인의 발언을 조작하거나 광고 속에서 왜곡된 메시지를 전달하는 방식은 특정 인종과 국적 및 성별 등에 대한 편향(bias)을 유발하는 등 사회적 문제로까지 이어질 수 있다(Decision Marketing, 2025). 가짜 정보가 사실인 것처럼 유포되면 이는 광고를 넘어 사회적 혼란을 초래할 수도 있다.

딥페이크를 활용한 광고는 소비자 보호와 윤리적 마케팅의 원칙을 심각하게 훼손할 수 있다. 광고의 본질은 제품과 브랜드에 대한 신뢰에 기반한다. 그러나 딥페이크를 통해 허위 정보를 제공하면 소비자의 선택권이 왜곡된다. 이는 장기적으로 브랜드의 신뢰도 하락을 초래한다.

윤리적 문제는 명확하다. 소비자가 광고에서 본 내용이 진짜라고 믿게 만들면서도 실제로는 거짓 정보를 기반으로 광고가 제작되었다면 이는 소비자 기만 행위에 해당한다. 광고는 소비자의 신뢰를 바탕으로 브랜드 이미지를 구축하는 과정인데, 딥페이크 기술이 이를 악용하면 결국 소비자는 광고 자체를 불신하게 된다.

딥페이크 광고의 또 다른 문제는 개인정보 보호와 연관된다. 유명인이나 인플루언서의 얼굴을 무단으로 사용해 광고에 등장시키는 것은 명백한 초상권 침해이지만, 기술적으로 조작된 영상인 탓에 법적 대응이 어려운 경우가 많다. 이러한 광고는 피해 당사자뿐 아니라 이를 시청하는 소비자들에게도 부정적 영향을 미치며, 기업의 윤리적 책임을 심각하게 저버리는 행위로 평가될 수 있다.

광고주가 딥페이크 기술을 적극적으로 활용하기 시작하면 광고 시장 전체가 허위 정보의 확산 공간이 될 가능성이 크다. 현재까지 많은 기업들은 딥페이크를 활용한 마케팅 전략을 공식적으로 채택하지 않고 있지만, 일부 브랜드들은 이러한 기법을 실험적으로 적용하고 있다. 이는 윤리적 마케팅과 법적 규제의 사각지대에서 이루어지는 행위로, 장기적으로 업계 전체의 신뢰도를 떨어뜨릴 위험이 있다.

딥페이크 기술이 광고에 사용될 가능성이 높아지면서 이를 규제할 법적 대응책 마련이 시급한 상황이다. 현재 대부분의 국가는 딥페이크 기술을 명확하게 규제하는 법이 부족한 상태며, 일부 국가에서만 가짜 뉴스나 허위 정보 유포에 법적 제재를 가하고 있다. 그러나 광고에서의 사용에 대해서는 아직 명확한 법적 기준이 없는 경우가 많다.

기업들이 딥페이크 기술을 이용해 소비자를 기만하는 것을 막으려면 광고 규제 기관과 법률 제정자들은 더욱 구체적인 법적 틀을 마련해야 한다. 광고에 딥페이크 기술이 사용될 경우 이를 명확히 표시하도록 하고, 허위 광고로 인한 소비자 피해를 방지하기 위한 감시 시스템을 구축해야 한다.

또한 기업 내부에서도 윤리적 광고 기준을 강화할 필요가 있다. 딥페이크 기술을 활용하는 광고에 대해 소비자에게 명확한 정보를 제공하고, 신뢰를 기반으로 한 마케팅 전략을 도입하는 것이 브랜드 신뢰도를 유지하는 데 필수적이다.

개인정보 보호를 위한 대응 방안

기업이 AI와 빅데이터를 적극적으로 활용하는 과정에서 개인정보 보호를 소홀히 한다면, 소비자 신뢰는 물론 기업의 명성에도 부정적 영향을 미칠 수 있다. 따라서 데이터 보호에 대한 책임감 있는 접근이 필요하며, 기업은 소비자 보호를 최우선으로 고려한 윤리적 대응 방안을 마련해야 한다. 이를 위해 개인정보 보호의 핵심 요소인 투명한 데이터 활용, 보안 강화, 소비자 교육, 윤리적 광고 정책 개선이 필수적으로 요구된다.

소비자의 개인정보 보호를 위한 가장 중요한 대응 방안은 데이터 수집과 활용 과정의 투명성을 보장하는 것이다. 소비자는 자신의 개인정보가 어떤 방식으로 활용되는지 명확히 알 권리가 있으며, 기업은 이를 고지할 의무가 있다. 하지만 현실에서는 많은 기업이 소비자의 데이터를 수집하면서도 그 목적과 활용 방식을 충분히 설명하지 않는다.

예를 들어 많은 웹사이트에서 쿠키 수집 동의를 받는 방식으로 개인정보를 수집하지만, 실제로 사용자는 자신의 데이터가 어떻게 처리되는지 명확히 이해하지 못한 채 동의하는 경우가 많다. 기업은 이를 개선해 데이터 활용의 목적과 범위를 소비자가 쉽게 이해할 수 있도록 제공해야 한다. 서비스 가입 시 소비자가 동의하는 개인정보 처리 방침은 지나치게 복잡하거나 길게 작성되는 경우가 많으며, 이는 소비자가 내용을 충분히 검토하지 못한 채 단순히 "동의" 버튼을 누르게 한다.

소비자가 자신의 데이터 활용 내역을 손쉽게 확인하

고, 필요할 경우 수정 및 삭제할 수 있도록 하는 기능도 필수적이다. 기업은 개인정보 수집 시 명확한 고지와 동의 절차를 거쳐야 하며, 소비자가 쉽게 자신의 정보를 관리할 수 있도록 직관적인 인터페이스를 제공해야 한다. 데이터 보호 권리를 강화하는 것은 단순히 규제 준수를 위한 조치가 아니라 소비자와의 신뢰를 구축하는 데 중요한 요소다.

데이터 수집과 활용이 투명하게 이루어진다고 해도, 보안이 취약하면 소비자는 여전히 개인정보 유출의 위험에 직면할 수 있다. AI와 빅데이터 기술을 통해 수집된 개인정보는 해킹, 데이터 침해, 불법적 접근과 같은 위협으로부터 보호되어야 한다. 기업이 개인정보 보호를 위해 강력한 보안 조치를 취하지 않는다면, 단 한 번의 데이터 유출 사고로 인해 심각한 소비자 신뢰 훼손과 법적 책임을 떠안을 수 있다.

데이터 보호를 위한 기본적인 보안 조치는 암호화 기술의 적용과 안전한 서버 운영이다. 소비자의 개인정보는 암호화해 저장되어야 하고, 접근 권한이 제한된 환경에서만 활용되어야 한다. 기업 내부적으로도 보안 프로토콜을 강화하고 정기적 보안 점검을 수행해 데이터 보호 체계를 지속적으로 개선해야 한다.

소비자 신뢰를 위한 데이터 보호와 윤리적 마케팅

AI와 빅데이터 기술이 마케팅을 혁신적으로 변화시키고 있지만, 개인정보 보호 문제를 해결하지 않으면 소비자의 신뢰를 잃을 수밖에 없다. 기업은 데이터를 수집하고 활용하는 과정에서 투명성을 보장하고, 소비자가 자신의 정보를 통제할 수 있도록 해야 한다.

데이터 보안 강화, 소비자 교육 확대, 윤리적 광고 기준 마련은 단순히 규제에 대한 대응이 아니라 기업의 장기적 성장과 신뢰 구축에 필수적인 요소다. 개인정보 보호와 딥페이크 기술의 윤리적 활용이 보장될 때, 디지털 마케팅은 소비자와 기업 모두에게 긍정적인 방향으로 발전할 수 있을 것이다.

참고문헌

시애틀코리안데일리(2024). AI로 양산되는 가짜 리뷰, 소비자 피해 우려 커진다.
https://www.seattlekdaily.com/news/articleView.html?idxno=12883

Decision Marketing(2024.12.18). Big issues to tackle in 2025: What's the future for AI?
https://www.decisionmarketing.co.uk/news/big-issues-to-tackle-in-2025-whats-the-future-for-ai

Digital Samba(2024.6.26). Data Privacy in 2025: Trends, Regulations, and Best Practices. https://www.digitalsamba.com/blog/data-privacy-trends

Toyer, K.(2025.2.19). Privacy Concerns in Digital Advertising: Navigating Challenges in 2025. Postmedia Solutions, https://www.postmediasolutions.com/en-ca/blog/privacy-concerns-in-digital-advertising-navigating-challenges-in-2025

05
광고사기와 인공지능

광고사기는 경제적 손실을 넘어 온라인 광고 시장 전체의 신뢰를 흔드는 요소로 작용하고 있다. 광고사기의 피해가 지속적으로 증가하는 지금 광고주와 플랫폼 그리고 규제 기관은 적극적 대응 방안을 모색해야 한다.

AI와 아이돌?

AI 기술의 진화와 광고사기의 확산

디지털 광고사기는 전통적인 광고 시장에서는 보기 힘들었던 형태로 발전하고 있으며, 그 주요 원인은 AI 기술의 도입과 자동화된 광고 시스템의 확산이다. 온라인 광고는 클릭당 비용(Pay Per Click, PPC) 혹은 노출당 비용(Cost Per Mille, CPM)으로 운영되기 때문에, 트래픽을 조작하거나 가짜 클릭을 생성하는 방식으로 광고비를 빼돌리는 수법이 점점 더 정교해지고 있다(한국경제, 2023).

광고사기의 가장 대표적인 형태는 클릭 사기(click fraud)다. 이는 자동화된 봇이나 클릭팜(click farm)을 이용해 특정 광고를 반복적으로 클릭함으로써 광고주의 비용을 증가시키는 동시에 실제 소비자와의 연결 가능성을 낮추는 방식이다. 한 연구는 자동 입찰 조작으로 광고 경매 시스템을 역이용해 1회 클릭당 0.02달러의 저비용으로 5만 달러의 예산을 24시간 내 고갈시키는 사례를 발견했다(Rowley, 2025). 또 다른 대표적 사례로 2023년 발생한 구글 트루뷰(TrueView) 사건이 있다. 이 사건 당시 광고주들은 동영상 광고를 실제 시청자에게 노출했다고 믿었지만, 실제로는 봇을 통해 가짜 조회수가 만들어졌다. 그 피해액은 3억 5000만 달러(약 4600억 원)에

달했다. 광고주 입장에서는 소비자가 광고에 반응했다고 생각하지만, 실상은 자동화된 시스템이 광고를 소비했을 뿐이다. 이는 광고 예산을 불필요하게 낭비하는 결과를 초래한다.

또한 가짜 광고 트래픽을 생성하는 방식도 널리 사용되고 있다. 생성적 적대 신경망(Generative Adversarial Networks, GAN) 기반 AI 봇은 마치 사람처럼 행동하며 웹사이트를 탐색하고 광고를 클릭한다. 광고 네트워크는 이를 실제 트래픽으로 인식한다. 이러한 방식은 광고 플랫폼이 제공하는 성과 지표를 조작해 광고주가 비효율적인 광고 캠페인에 예산을 투입하게 만든다.

또 다른 유형으로 도메인 스푸핑(domain spoofing)이 있다. 이는 저품질 웹사이트가 고품질의 프리미엄 웹사이트인 것처럼 위장해 광고를 유치하는 방식이다. 광고주는 신뢰할 수 있는 웹사이트에 광고를 게재했다고 생각하지만 실제로는 가짜 사이트에 광고가 노출되며, 이 과정에서 광고 예산이 낭비된다. 2024년 발생한 가짜 포브스(Forbes) 도메인 사건은 이러한 도메인 스푸핑의 대표적 사례다. 사기꾼들이 'forbes.com'과 유사한 도메인을 활용해 프리미엄 광고주들을 속였고, 광고비가 불필요하게 소진되는 결과를 초래했다.

픽셀 스터핑(pixel stuffing)도 기술 기반 광고사기에서 중요한 유형이다. 이 기법은 1픽셀×1픽셀 크기의 작은 영역에 광고를 숨겨 노출수를 조작하는 방식으로 작동한다. 사용자에게는 광고가 보이지 않지만 시스템상에서는 광고가 게재된 것으로 인식되어 광고주가 비용을 지불해야 하는 상황이 발생한다. 특히 모바일 애플리케이션에서 이러한 사기의 발생률이 높으며, 2024년 기준 모바일 앱에서 발생한 광고사기의 62퍼센트가 픽셀 스터핑과 관련된 것으로 보고되었다.

허위 광고 콘텐츠 생성도 AI를 활용한 광고사기의 또 다른 방식이다. AI는 특정 브랜드의 홍보 콘텐츠를 생성할 수 있으며, 가짜 리뷰나 가짜 소비자 평가를 자동으로 작성해 소비자의 신뢰를 조작하는 데 활용된다. 특히 딥러닝 기술을 활용하면 기존 리뷰 스타일을 모방해 소비자가 이를 실제 후기라고 믿게 할 수 있다.

이러한 광고사기 신종 기법이 등장하면서 광고주뿐 아니라 소비자도 피해를 보는 사례가 증가하고 있다. 소비자는 실제보다 과장된 광고나 조작된 정보를 기반으로 제품을 구매하고, 광고 플랫폼은 신뢰를 잃으며, 광고주는 비효율적 광고에 비용을 낭비하는 복합적 상황이 반복된다.

광고사기가 광고 생태계에 미치는 영향

광고사기는 경제적 손실을 초래할 뿐 아니라 디지털 광고 생태계 전반의 신뢰를 훼손하고 기업과 소비자 간 관계를 악화시키는 요소로 작용하고 있다. 광고사기의 영향은 광고주, 광고 플랫폼, 소비자 그리고 디지털 경제 전반에 걸쳐 광범위하게 퍼져 있다. 광고 예산이 비효율적으로 소진되고 소비자가 신뢰할 수 없는 광고에 노출되면서 기업의 브랜드 가치가 훼손된다. 또한 광고 플랫폼은 광고주와의 관계를 유지하기 위해 광고사기 방지 기술을 지속적으로 발전시켜야 하며, 이 과정에서 운영 비용이 증가한다. 그 결과 광고사기는 디지털 광고 생태계의 안정성을 저해하고 장기적으로 시장의 투명성을 약화하는 요인이 된다(Yoo, 2023).

광고주에게 미치는 영향: 광고 투자 수익률 감소

광고사기의 가장 직접적인 피해자는 광고주다. 광고주들은 특정 광고 캠페인을 통해 소비자와의 접점을 늘리고 제품 판매를 증대하려 하지만, 광고사기가 개입할 경우 기대한 성과를 얻지 못하게 된다. 한국과 일본을 비롯한 아시아 국가에서 광고사기에 대한 대비가 부족함을 고려할 때 광고주의 피해가 막대할 것으로 판단된다(채

성숙, 2024). 광고사기가 광고주에게 미치는 영향을 정리하면 다음과 같다.

첫째, 광고 비용의 비효율적 소진이 발생한다. 광고주는 소비자가 광고에 반응했다고 믿지만, 실상 가짜 트래픽에 의해 광고 예산이 낭비되고 있다.

둘째, 잘못된 광고 성과 분석이 기업의 마케팅 전략을 왜곡할 수 있다. 광고사기가 개입된 광고 캠페인은 실제 소비자의 관심과 구매 의도를 반영하지 않기 때문에 광고 데이터 분석 결과가 왜곡될 가능성이 높다. 기업이 광고 성과를 분석할 때 가짜 트래픽을 포함한 데이터에 기반해 의사결정을 내리면 비효율적 마케팅 전략이 반복될 위험이 크다.

셋째, 광고 캠페인의 신뢰성이 낮아지면서 장기적 광고 효과가 감소한다. 소비자가 광고를 클릭했을 때 기대한 정보가 제공되지 않거나 반복적으로 가짜 광고에 노출되면 해당 브랜드에 대한 신뢰가 저하된다. 브랜드 평판이 손상되면 광고 효과가 감소하며, 고객 충성도가 낮아지는 결과를 초래할 수 있다.

소비자에게 미치는 영향: 광고 신뢰도의 저하

광고사기는 소비자에게도 부정적 영향을 미친다.

첫째, 소비자가 불량 광고에 반복적으로 노출될 경우 광고 피로도가 증가한다. 광고사기는 종종 소비자가 클릭할 가능성이 높은 콘텐츠를 활용해 반복적 광고 노출을 유도한다. 소비자는 원치 않는 광고를 계속 접하면서 광고 자체에 거부감을 갖게 되며, 이는 궁극적으로 정당한 광고에도 부정적 영향을 미칠 수 있다.

둘째, 허위 광고나 가짜 리뷰가 소비자의 구매 결정을 왜곡할 수 있다. 광고사기의 한 형태로 가짜 리뷰나 조작된 평가가 포함된 광고가 소비자에게 전달되는 경우가 많다. 소비자는 이러한 정보를 신뢰하고 제품을 구매할 가능성이 크지만, 실제로 그 제품은 품질이 낮거나 기대한 성능을 제공하지 못하는 경우가 많다. 그 결과 소비자는 광고 자체에 대한 신뢰를 잃고 브랜드에 대한 부정적 인식을 형성하게 된다.

셋째, 개인정보 유출과 피싱(phishing) 광고의 위험이 증가한다. 피싱 광고는 소비자의 클릭을 유도하는 방식 중 하나다. 가짜 광고를 클릭한 소비자는 악성 웹사이트로 이동하거나 개인정보를 입력하도록 유도될 수 있다. 이는 소비자의 금융 정보 및 개인정보 보호에 심각한 위협이 될 수 있다. 디지털 보안 문제가 광고 시장과 연결되는 사례가 증가하고 있다.

광고 플랫폼에 미치는 영향: 운영 비용 증가와 신뢰도 하락

광고사기는 광고 플랫폼에도 상당한 문제를 초래한다.

첫째, 광고사기를 방지하기 위한 기술 개발과 감시에 드는 비용이 증가한다. 광고 플랫폼은 광고사기가 증가할수록 이를 탐지하고 차단하는 기술을 지속적으로 개발해야 하며, 이에 따른 운영 비용이 상승할 수밖에 없다. AI 기반 광고사기 감지 시스템을 도입하거나 광고 클릭의 유효성을 검증하는 시스템을 강화하는 과정에서 기술적 · 재정적 부담이 커질 수 있다.

둘째, 광고주와의 신뢰 관계가 훼손될 가능성이 있다. 광고사기가 만연한 플랫폼에서는 광고주의 만족도가 낮아지고 장기적으로 광고를 게재하려는 기업이 줄어들 수 있다. 특히 특정 플랫폼에서 광고사기가 자주 발생한다는 인식이 확산되면 광고주들이 해당 플랫폼을 기피하는 현상이 나타날 수 있다.

셋째, 광고사기가 지속될 경우 플랫폼의 평판과 사용자 경험이 악화된다. 광고사기로 인해 소비자가 부정적인 경험을 하게 되면 광고 차단 소프트웨어(Ad Blocker)를 사용하거나 해당 플랫폼을 떠날 가능성이 높아진다. 이는 광고 수익의 감소로 이어지며 플랫폼 운영에 직접적인 타격을 줄 수 있다.

디지털 광고 생태계 전체에 미치는 영향

광고사기는 광고주, 소비자, 광고 플랫폼에 개별적 영향을 미칠 뿐 아니라 디지털 광고 시장 전체의 구조를 변화시킬 수 있다.

첫째, 디지털 광고 시장의 투명성이 저하된다. 광고사기가 지속되면 광고 성과 측정이 왜곡되면서 기업들이 신뢰할 수 있는 광고 데이터를 확보하는 것이 어려워진다. 이는 광고 시장의 불확실성을 증가시키고 기업이 마케팅 전략을 수립하는 데 어려움을 겪게 한다.

둘째, 광고 산업의 자율 규제와 정부의 개입이 강화될 가능성이 크다. 광고사기가 증가할 경우 정부 및 규제 기관이 더욱 강력한 규제를 도입할 가능성이 높아진다. 이는 기업이 광고를 운영하는 데 추가적인 법적 부담을 지게 할 수 있으며, 광고 시장의 유연성을 제한하는 요인으로 작용할 수 있다.

셋째, 소비자가 광고를 기피하는 현상이 증가한다. 광고사기가 만연할 경우 소비자들은 광고 자체를 불신하게 되며, 광고 차단 소프트웨어를 사용할 가능성이 높아진다. 이는 광고주와 플랫폼 모두에 부정적 영향을 미치며, 디지털 광고의 효과를 감소시킬 수 있다.

광고사기에 대한 대응의 필요성

광고사기를 예방하는 것은 기술적 대응을 넘어 디지털 광고 생태계 전체의 신뢰도를 유지하는 데 중요한 과제가 되고 있다. 기업과 광고 플랫폼이 투명한 광고 환경을 조성하고 소비자 보호를 위한 윤리적 기준을 마련할 때 디지털 광고 시장은 더욱 지속 가능하게 성장할 수 있을 것이다.

참고문헌

채성숙(2024.3.12). 한국-일본 간 '광고사기 대응 및 브랜드 안전'을 위한 공동 노력 모색. 매드타임스, https://www.madtimes.org/news/articleView.html?idxno=19954

한국경제(2023.9.17). 한국, 디지털 광고사기 세계 4위 추정…전담기구 필요성 제기. https://www.hankyung.com/article/202309174622Y

Biswas, S.(2025). Ad Fraud Trends 2025: How to Stay Ahead & Protect Your Ad Spend. Cleartrust, https://www.cleartrust.cc/blog/ad-fraud-trends-2025-strategies

Rowley, G.(2025.2.27). Click Fraud: The silent drain on marketing budgets and how to combat it in 2025. Hitprobe, https://hitprobe.com/blog/click-fraud-the-silent-drain-on-marketing-budgets-and-how-to-combat-it-in-2025

Yoo, S-C.(2023). Exploring the Challenges and Strategies for

Combating Advertising Fraud and Preserving Brand Reputation in the Korean Advertising Landscape. *International Journal of Advanced Culture Technology*, 11(1), pp.306-311.

06
브랜드 안전과 부정적 콘텐츠 관리

브랜드 안전 확보 전략은 기업이 광고를 운영하는 환경을 면밀히 분석하고, 브랜드 이미지에 부정적 영향을 미칠 가능성이 있는 콘텐츠와의 연계를 차단하는 전략을 의미한다. 과거에는 광고를 특정한 미디어에 직접 게재하는 방식이 사용되었지만, AI 기반 광고 배치 시스템이 발전하면서 기업의 광고가 의도치 않은 부정적 콘텐츠 맥락에 노출될 가능성이 높아졌다.

AI와 야구?

브랜드 안전의 중요성과 리스크

디지털 광고 환경에서 브랜드 안전(brand safety)은 단순히 브랜드 이미지 관리의 문제가 아니라 광고주 기업의 신뢰도와 직접적으로 연관된다. 브랜드 광고가 폭력적이거나 혐오적인 콘텐츠와 함께 또는 인접해서 노출되거나 가짜 뉴스 및 허위 정보가 포함된 웹사이트에 게시될 경우 소비자는 해당 브랜드가 이러한 콘텐츠를 묵인하거나 심지어 지지한다고 오해할 수 있다(유승철, 2022b).

광고 자동화 편성 시스템이 발전하면서 브랜드 안전 리스크는 더욱 복잡해지고 있다. AI 기반 광고 배치는 광고주가 직접 특정 미디어를 선택하는 것이 아니라 AI 알고리즘이 사용자의 관심사와 광고 예산을 고려해 최적의 배치 지점을 결정하는 방식으로 운영된다. 그러나 이 과정에서 브랜드가 원치 않는 플랫폼이나 부적절한 콘텐츠와 함께 노출되는 사례가 증가하고 있다.

브랜드 안전 리스크를 야기하는 주요 요인은 다음과 같다.

첫째는 극단적이거나 논란이 많은 콘텐츠와의 연계 가능성이다. 특정 웹사이트나 유튜브 채널은 정치적·사회적으로 논란이 많은 콘텐츠(극우 및 극좌 또는 인종·성별 혐오 콘텐츠 등)를 제작하며, 이를 통해 높은 조회수를 기록하는 경우가 많다. 광고 알고리즘이 이러한 채널을 효과적인 광고 배치 지점으로 판단할 경우 기업의 광고가 의도치 않게 이러한 콘텐츠와 함께 노출될 가능성이 크다.

둘째는 가짜 뉴스 및 허위 정보 사이트와의 연계 문제다. 특정 플랫폼에서는 허위 정보를 기반으로 가짜 뉴스(fake news) 콘텐츠를 생산하며, 이를 통해 방문자 수와 체류 시간을 늘리고 광고 수익을 창출한다. 기업이 광고를 게재하는 과정에서 이러한 사이트와 연계되면 브랜드의 신뢰도는 심각한 타격을 입게 된다.

셋째는 부적절한 사용자 생성 콘텐츠(User-Generated Contents, UGC)와의 연계 문제다. 소셜 미디어 플랫폼은 사용자들이 검열 과정 없이 자유롭게 콘텐츠를 제작하고 공유하는 구조이기 때문에 광고가 예상치 못한 부적절한 게시물과 함께 노출될 가능성이 있다. 예를 들어 폭력적이거나 차별적인 게시글과 기업의 광고가 함께 등장할 경우 소비자는 해당 브랜드가 이러한 콘텐츠를 지지한다고 오해할 수 있다.

넷째는 자동화된 광고 배치 시스템의 오류 가능성이다. AI 기반 광고 시스템은 정교하게 설계되어 있지만,

여전히 브랜드의 가치 또는 편성 맥락을 완벽하게 이해하고 광고를 배치하는 것은 어렵다. 알고리즘이 정량적인 광고 성과를 극대화하는 방식으로 작동하기 때문에 광고주가 의도하지 않은 플랫폼에도 광고가 게재될 위험이 존재한다. 때로는 AI가 불법적 광고 성과를 인지하면서도 보고하지 않는 사례가 발생한다.

부정적 콘텐츠가 브랜드에 미치는 영향

브랜드가 부적절한 콘텐츠와 연계되면 이미지 손상을 넘어 소비자의 신뢰 저하와 직접적인 매출 감소로 이어질 수 있다.

먼저 소비자의 브랜드 신뢰도가 하락할 가능성이 크다. 소비자는 기업이 광고를 게시하는 플랫폼과 해당 브랜드의 가치가 일치한다고 인식하는 경향이 있다. 따라서 브랜드 광고가 가짜 뉴스, 혐오 발언, 폭력적 콘텐츠와 함께 노출되면 소비자는 해당 브랜드가 이러한 메시지를 직접적으로 또는 간접적으로 지지한다고 오해할 수 있다.

브랜드 보이콧이나 불매 운동이 발생할 가능성도 있다. 최근에는 소비자들이 기업의 사회적 책임을 중요시하는 경향이 강해지고 있으며, 브랜드의 행동에 실망한 소비자들은 소셜 미디어를 통해 불매 운동을 촉진할 수 있다. MZ세대로 대표되는 젊은 세대는 광고 때문에 불매 운동을 벌이는 일이 잦다.

아울러 법적 문제로 이어질 가능성이 있다. 특정 국가에서는 허위 정보 유포나 폭력적 콘텐츠와 연계된 광고가 법적 제재 대상이다. 광고주가 의도하지 않았더라도 브랜드 광고가 부적절한 콘텐츠와 함께 게재되면 규제 당국의 감시 대상이 될 가능성이 높다. 최근 글로벌 플랫폼을 사용하는 다국적 광고가 늘고 있기 때문에 국가별 규제 이슈에 대한 고려가 필수적이다.

AI 활용 브랜드 안전 관리와 대응 전략

기업은 브랜드 안전을 확보하기 위해 광고 배치 과정을 더욱 정교하게 관리해야 하고, AI 기술을 활용해 부정적 콘텐츠와의 연계를 최대한 차단하는 시스템을 구축해야 한다.

AI 기반 콘텐츠 필터링 기술을 활용해 부적절한 플랫폼과의 연계를 차단해야 한다. 광고 플랫폼은 머신러닝을 이용해 특정 사이트나 영상의 내용을 분석·판단하고 브랜드 가치와 일치하지 않는 콘텐츠를 자동으로 배제하는 시스템을 개발하고 있다. 이를 통해 광고가 부적절한 콘텐츠와 함께 노출되는 위험을 최소화할 수 있다.

구글은 최신 대규모 언어 모델(Large Language Model, LLM)을 포함한 머신러닝 모델을 활용해 광고 정책 위반을 탐지하고 차단하는 데서 큰 진전을 이루었다. 특히 게시자 페이지 수준의 집행에서 90퍼센트 이상이 이러한 AI 모델을 통해 시작되었다. 2023년 한 해 동안 구글은 55억 개 이상의 광고를 차단하거나 제거했고, 1270만 개의 광고주 계정을 정지시켰다. 또한 2억 1000만 개 이상의 게시자 페이지에서 광고 게재를 차단하거나 제한했다(Google, 2024).

2023년 구글의 광고 투명성 보고서에 따르면 AI 기반 콘텐츠 필터링 시스템이 광고 부적합 노출률을 67퍼센트 감소시켰다(Kim & Lee, 2023). 이는 심층 신경망(Deep Neural Networks)을 활용한 콘텐츠 문맥 분석 기술의 발전 덕분이었다.

블랙리스트 및 화이트리스트 시스템을 활용해 광고 배치 환경을 직접 관리할 필요가 있다. 구체적으로 브랜드는 자사 광고를 게재하지 말아야 하는 블랙리스트 사이트 목록을 사전에 정의하고 신뢰할 수 있는 미디어 채널을 선정해 광고가 우선적으로 배치되도록 조정할 수 있다.

직원이 직접 진행하는 광고 성과 모니터링을 강화해 실시간으로 광고 배치 환경을 면밀히 점검해야 한다. 광고 배치·검토 시스템이 AI를 통해 자동화되었다고 해도, 브랜드는 정기적으로 광고가 어떤 콘텐츠와 함께 노출되는지 분석하고 필요할 경우 조정할 수 있는 체계를 마련해야 한다.

소비자의 피드백을 적극 반영해 브랜드 안전 정책을 개선해야 한다. 소비자가 브랜드 광고가 부적절한 콘텐츠와 함께 게재된 사례를 발견했을 때 이를 쉽게 신고할 수 있도록 시스템을 구축하고 신속하게 대응하는 것이 중요하다.

브랜드 신뢰를 지키기 위한 전략적 접근

디지털 광고 시장에서 브랜드 안전은 이미지 관리 차원을 넘어 기업의 지속 가능성과 직결된 문제로 자리 잡고 있다. 브랜드 광고가 부적절한 콘텐츠와 함께 노출될 경우 소비자 신뢰도 하락과 직접적 매출 감소로 이어질 가능성이 크다(유승철, 2022a).

여러 국가의 규제도 적극적으로 변모하고 있다. 유럽연합 디지털서비스법(Digital Services Act, DSA) 제34조는 2023년 8월부터 플랫폼의 광고 투명성 의무를 강화하고 있다(EU Commission, 2022). 이에 따라 주요 광고 플랫폼들은 광고 배치 기록 3년 보관, 사용자 신고 처리 시스템 개선, 연간 감사 보고서 공개에 대한 의무를 지닌다. 한국의 방송통신위원회는 유럽연합의 디지털서비스법을 참고해 온라인 플랫폼의 사회적 책임을 강화하고, 이용자 보호를 위한 법률 제정을 추진하고 있다(방송통신위원회, 2025).

규제 기관은 브랜드 안전에 위해를 가하는 행위를 광고사기이자 사이버 범죄로 분류하고 광고사기에 대한 강력한 법적 규제를 마련해야 한다. 광고주의 광고비를 갈취하는 것은 결국 소비자의 주머니를 털어 가는 것과 다르지 않음을 인지하고 그 연장선에서 대응해야 한다.

브랜드 안전은 리스크 관리 차원을 넘어 디지털 시대 브랜드 가치의 핵심 요소로 진화하고 있다. IAS(Integral Ad Science)의 2025년 발표 자료에 따르면 글로벌 광고 시장의 78퍼센트가 2025년 내 브랜드 안전 예산을 2배 이상 증액할 것으로 예상된다.

기업은 AI 기반 브랜드 안전 시스템을 구축하고 부정적 콘텐츠와의 연계를 차단하는 기술적 · 전략적 대응 방안을 마련해야 한다. 이를 통해 소비자 신뢰를 유지하고 디지털 광고 환경에서 브랜드 가치를 효과적으로 보호할 수 있을 것이다.

참고문헌

방송통신위원회(2025). 2025년 주요업무 추진계획: 신뢰받고 활력있는 디지털·미디어 동행사회 실현. https://kcc.go.kr/download.do?fileNm=KCC_2025briefing_new.pdf

유승철(2022a.3.30). [광고가 브랜드에게 '독(毒)'이 될 때?] 광고사기와 브랜드 안전을 위한 정책적 과제. 반론보도, https://www.banronbodo.com/news/articleView.html?idxno=20882

유승철(2022b.6.17). '광고사기 대응의 골든타임' 바로 지금이다 ②: 건강한 미디어 데이터 생태계와 디지털 광고 리터러시. 반론보도, https://www.banronbodo.com/news/articleView.html?idxno=20972

European Parliament and Council of the European Union(2022). Regulation(EU) 2022/2065 of 19 October 2022 on a Single Market for Digital Services and amending Directive 2000/31/EC(Digital Services Act). *Official Journal of the European Union*, L 277, pp.1-102. https://eur-lex.europa.eu/eli/reg/2022/2065/oj

Integral Ad Science(n.d.). Brand safety & Suitability. https://integralads.com/solutions/brand-safety-suitability/

Lennox, D.(2024.3.27). Our 2023 Ads Safety Report. Google Ads & Commerce Blog. https://blog.google/products/ads-commerce/google-ads-safety-report-2023/

07
다크 마케팅의 법적·윤리적 문제

AI 기술과 마케팅 전략이 발전하면서 기업들은 더 정교한 방식으로 소비자의 관심을 유도하고 있다. 그러나 이러한 디지털 마케팅 전략이 다크 마케팅으로 변질되면 소비자의 선택을 조작하고 기업의 사회적 책임을 훼손하는 결과를 초래할 수 있다.

AI와 윤동주?

다크 마케팅 관련 국내외 법적 규제 동향

다크 마케팅이 초래하는 주요 문제 중 하나는 소비자의 개인정보를 무단으로 활용하는 것이다. AI와 빅데이터 기술이 마케팅의 핵심 요소로 자리 잡으면서 소비자의 행동 데이터가 기업의 중요한 자산이 되었다. 그러나 소비자의 동의 없이 개인정보를 수집하거나 수집된 데이터를 투명하게 공개하지 않는 방식은 명백한 법적 위반 사항이 될 수 있다.

유럽연합의 일반 데이터 보호 규정은 개인정보 보호와 관련된 가장 강력한 법률 중 하나로, 소비자의 동의 없이 데이터를 수집하는 것을 엄격히 금지하고 있다. 이 법에 따르면 기업은 소비자의 데이터를 수집할 때 반드시 '명확한 동의(evident permission)'를 받아야 하며, 소비자는 자신의 데이터 활용 내역을 확인하고 삭제할 권리를 가진다. 이를 위반할 경우 기업은 매출의 4퍼센트에 해당하는 벌금을 부과받을 수 있다.

특히 제33조 데이터 유출 통지 의무와 제17조 잊힐 권리(right to be forgotten) 조항은 기업의 데이터 처리 관행에 혁명적 변화를 초래했다. 2023년 메타(Meta)의 사례에서 유럽데이터보호위원회(European Data Protection Board, EDPB)는 맞춤형 광고를 위한 개인정보 처리에

3억 9000만 유로의 벌금을 부과하며 동의 없는 데이터 활용에 대한 제재 수위를 격상했다. 이에 따라 글로벌 플랫폼 기업들은 유럽 시장에서의 사업 모델을 개편하며 동의 관리 플랫폼(consent management platform) 도입을 가속화하고 있다.

디지털서비스법은 유럽연합이 디지털 플랫폼의 책임성을 강화하고 온라인 환경을 더욱 안전하고 투명하게 만들기 위해 제정한 법률로, 2023년 8월부터 본격적으로 시행되었다. 이 법은 특히 온라인 플랫폼과 디지털 서비스 제공업체들이 준수해야 할 주요 의무 사항을 명확히 규정하고 있으며, 사용자 보호 및 공정한 디지털 시장 조성을 목표로 한다.

디지털서비스법의 핵심 의무 사항 중 하나는 광고 배치 기록 보관 의무다. 플랫폼 사업자는 자사 플랫폼에 게재된 광고의 배치 및 타기팅 정보에 대한 기록을 최소 3년간 보관해야 한다. 이는 광고의 투명성을 높이고 특정 광고가 왜 사용자에게 노출되었는지 검토할 수 있도록 하기 위한 조치다.

사용자 신고 처리 시스템 개선도 디지털서비스법의 중요한 조항 중 하나다. 이 조항에 따르면 온라인 플랫폼은 불법 콘텐츠나 허위 정보와 같은 문제를 신고할 수 있는 시스템을 마련하고, 신고된 콘텐츠에 대해 신속하고 공정한 처리를 보장해야 한다. 이는 플랫폼의 책임성을 강화하고 사용자 보호를 극대화하는 것을 목적으로 한다.

아울러 디지털서비스법에는 연간 감사 보고서 공개 의무가 포함되어 있다. 대형 온라인 플랫폼 및 디지털 서비스 제공업체는 매년 서비스 운영 및 법률 준수 현황에 대한 감사 보고서를 작성해 공개해야 한다. 이는 플랫폼의 운영 투명성을 높이고 법률 준수 여부를 객관적으로 검증할 수 있도록 한다.

미국 캘리포니아주의 소비자개인정보보호법 또한 소비자의 민감 개인정보(sensitive personal information) 보호를 강화하는 법안으로, 기업이 소비자의 데이터를 활용하는 방식을 공개하도록 요구한다. 이 법은 소비자가 자신의 데이터를 삭제하거나 기업이 데이터를 제3자에게 판매하는 것을 금지할 수 있도록 보장한다. 2018년 제정되고 2024년 1월 개정된 캘리포니아 개인정보권리보호법(California Privacy Rights Act, CPRA)은 민감 정보의 범위를 확대하고 '글로벌 개인정보 거부 설정' 기능을 의무화하며, 기업의 데이터 처리 투명성 제고를 강조하고 있다. 구글 애널리틱스는 소비자개인정보보호법에 대응해 IP 주소 익명화 기능을 강화하고 데이터 보존 기간 설정 도구를 업데이트하는 등 기술적 대응책을 마련하고 있다.

유럽연합은 글로벌 개인정보 거부 설정 기능을 의무화해 소비자가 자신의 개인정보가 판매되거나 공유되기를 원하지 않을 경우 이를 손쉽게 차단할 수 있는 기능을 필수적으로 제공하도록 규제하고 있다. 이 기능은 브라우저 또는 디지털 플랫폼에서 소비자가 일괄적으로 개인정보 공유를 거부할 수 있도록 지원하며, 기업은 이 설정을 준수해야 한다.

한국에서도 2020년 개정된 개인정보보호법이 시행되면서 소비자의 개인정보 보호 권한이 강화되었다. 기업이 개인정보를 활용하는 방식에 대한 투명성을 높이고 데이터 유출 사고 발생 시 신속하게 대응할 수 있도록 법적 의무를 부여하는 방향으로 변화하고 있다.

2024년 7월 시행된 전자상거래법 개정안은 '숨은 갱신', '반복간섭' 등 6대 다크 패턴 유형을 명시적으로 규제하며 위반 시 500만 원 이하의 과태료를 부과하고 영업을 정지시키는 조항을 도입했다. 개인정보보호위원회는 2025년 3월부터 맞춤형 광고 가이드라인을 시행하고 '계약 이행에 필요한 정보'의 범위를 엄격히 제한함으로써 기업의 데이터 남용을 차단하고 있다. 특히 모바일 앱

서비스에서 무료 체험 기간 종료 후 자동 유료 전환을 방지하기 위해 3단계 확인 절차를 의무화하는 등 소비자 선택권 강화 조치가 도입되었다.

기만 광고의 유형과 문제점

디지털 광고 시장이 발전하면서 소비자의 관심을 유도하는 방식도 정교해지고 있다. 그러나 광고의 발전이 항상 긍정적인 방향으로만 이루어지는 것은 아니다. 일부 기업들은 소비자의 의사결정을 조작하거나 불완전한 정보를 제공해 소비자가 합리적 판단을 내리지 못하도록 유도하는 기만 광고 기법을 활용하고 있다.

기만 광고는 소비자의 신뢰를 저해하고 광고 시장의 투명성을 훼손하는 요소로 작용한다. 광고가 제공하는 정보가 명확하지 않거나 소비자를 의도적으로 혼동시키는 방식으로 운영될 경우 소비자는 원하지 않는 선택을 하게 될 가능성이 높다. 기업이 이러한 방식의 광고를 지속해서 운영하면 소비자는 브랜드 자체를 신뢰하지 않게 되고 이는 결국 기업의 장기적 성장을 저해하는 요인으로 작용할 수 있다.

기만 광고는 다양한 형태로 소비자에게 영향을 미치며, 크게 허위 광고, 과장 광고, 다크 패턴 광고, 정보 은

페 광고 등으로 구분할 수 있다.

허위 광고는 사실과 다른 정보를 제공해 소비자의 판단을 왜곡하는 방식이다. 제품의 효과를 과장하거나 존재하지 않는 기능을 강조하는 방식으로 소비자를 기만하는 것이 대표적이다. 예를 들어 피부 관리 제품이 단 몇 주 만에 주름을 완전히 제거할 수 있다고 주장하거나 특정 건강 보조제가 과학적으로 검증되지 않은 효능을 보장한다고 광고하는 경우가 이에 해당한다.

과장 광고는 제품의 장점을 실제보다 부풀려 소비자가 잘못된 기대를 갖게 만드는 방식이다. 이는 법적으로는 허위 광고와 구분되지만, 소비자가 오해하도록 의도적으로 표현하는 경우가 많다. 예를 들어 패스트푸드 광고에서는 버거가 크고 신선한 재료로 가득 차 있지만, 실제 제품은 이에 훨씬 못 미치는 경우가 많다.

다크 패턴 광고는 소비자가 원하지 않은 선택을 하도록 유도하는 방식이다. 예를 들어 온라인 쇼핑몰에서 특정 옵션(자동 결제 갱신 등)이 기본적으로 선택되어 있게 하거나, '무료 체험' 서비스를 제공하면서 해지 절차를 복잡하게 만들어 소비자가 원하지 않은 비용을 지불하도록 하는 방식이 있다. 2023년 한국소비자원의 조사에 따르면 국내 온라인 쇼핑몰 76개 사이트에서 총

429건의 다크 패턴 사례가 확인되었으며, 소비자 피해율이 92.6퍼센트에 달하는 것으로 나타났다.

정보 은폐 광고는 소비자가 중요한 정보를 인지하지 못하도록 숨기는 방식이다. 일정 조건을 충족해야만 할인 혜택을 받을 수 있도록 설계된 경우에도, 광고에서는 이 조건을 명확하게 설명하지 않고 '50퍼센트 할인'이라는 문구만 강조하는 사례가 있다. 이는 소비자가 불완전한 정보를 기반으로 결정을 내리게 만들기 때문에 기만 광고에 해당한다.

신유형 기만 광고에 대한 전략

기만 광고는 소비자를 조작하거나 불완전한 정보를 제공해 소비자의 합리적 의사결정을 방해한다. 이는 명백한 윤리적 위반이자 법적 문제로 이어질 수 있다.

기만 광고 기법은 소비자의 신뢰를 저하시킬 뿐 아니라 법적 제재를 받을 위험이 있다. 미국 연방거래위원회는 소비자를 기만하는 광고를 엄격히 규제하며, 위반 기업에 벌금을 부과하고 시정 조치를 요구한다. 유럽연합 또한 기만 광고를 금지하는 법률을 시행하고 있으며, 기업이 제공하는 정보가 투명하고 정확해야 한다는 원칙을 강조하고 있다.

AI의 발전과 함께 고도화하고 있는 맞춤형 광고 시스템은 소비자의 미세한 행동 데이터(체류 시간, 스크롤 패턴 등)를 분석해 취약점을 공략한다. 2024년 국내 모바일 게임 시장에서 나타난 '동적 가격 책정'은 유저의 과금 이력에 따라 아이템 가격을 실시간으로 조정하는 방식으로, 동일 상품에 대해 최대 300퍼센트의 가격 차이가 발생해 논란이 되었다. 이는 개인정보보호법 제15조(개인정보의 수집 · 이용)와 제22조(동의를 받는 방법) 위반 소지가 있다고 지적받았다. 소비자 데이터를 바탕으로 기만 광고를 배포하고 이익을 편취하는 이러한 형태의 고도화된 기만 광고에 대한 대응책이 필요하다.

인플루언서를 활용한 기만 광고도 늘어 가고 있다. 2023년 식품의약품안전처의 조사에서 인스타그램 건강기능식품 광고의 71.8퍼센트가 질병 치료 효능을 허위로 표시한 사실이 적발되었다. 문제는 대부분의 게시물이 '개인 체험담' 형식을 취해 표시광고법상 광고성 표시 의무를 회피한다는 점이다. 이에 따라 2024년 3월 개정된 전자상거래법 시행규칙은 인플루언서의 경제적 대가 수령 여부와 관계없이 상품을 홍보하는 내용이 존재하면 반드시 '#광고' 해시태그를 달도록 의무화했다.

생성형 AI를 활용한 가상 인플루언서의 등장은 새로

운 규제 난제를 야기하고 있다. 2024년 국내 한 화장품 브랜드가 가상 인물을 활용해 실제 사용 후기가 아닌 AI 생성 리뷰를 게시한 사례에서 소비자의 43퍼센트가 이를 실제 인간의 경험으로 오인한 것으로 조사되었다. 이는 현행 표시광고법이 AI 생성 콘텐츠의 표시 기준을 명시하지 않아 발생한 법적 공백 사례로, 공정거래위원회는 2025년 AI 광고 가이드라인 개정을 통해 합성미디어 표시 의무를 강화할 계획이다.

지속 가능한 윤리적 광고 생태계 구축

디지털 광고 시장에서 다크 마케팅은 단기적으로 기업의 성과를 극대화하는 전략이 될 수 있다. 그러나 장기적으로는 소비자의 신뢰를 저하시켜 브랜드 이미지에 심각한 타격을 입힐 가능성이 크다. 다크 패턴, 기만 광고, 개인정보 남용과 같은 비윤리적 마케팅 전략은 법적 규제의 대상이 될 뿐 아니라 소비자의 반발을 불러일으킬 수 있다.

따라서 기업은 윤리적 마케팅을 실천하고, 개인정보 보호를 강화하며, 광고의 신뢰성을 유지하는 방향으로 나아가야 한다. 법적 규제의 강화는 다크 마케팅을 억제하는 중요한 수단이지만, 궁극적으로 기업 스스로가 소비자 중심 마케팅 전략을 도입하고 윤리적 가치를 우선시하는 것이 지속 가능한 광고 생태계를 구축하는 데 핵심적인 요소다.

참고문헌

공정거래위원회(2023). 온라인 다크패턴 자율관리 가이드라인. https://www.ftc.go.kr/www/selectBbsNttView.do?pageUnit=10&pageIndex=1&searchCnd=all&searchKrwd=%EB%8B%A4%ED%81%AC%ED%8C%A8%ED%84%B4&key=12&bordCd=3&searchCtgry=01,02&nttSn=42957

국은숙(2021). 다크 패턴(눈속임 설계) 실태조사. 한국소비자원, https://www.kca.go.kr/smartconsumer/sub.do?menukey=7301&mode=view&no=1003159790

European Parliament and Council of the European Union(2016). Regulation(EU) 2016/679 of 27 April 2016 on the protection of natural persons with regard to the processing of personal data and on the free movement of such data, and repealing Directive 95/46/EC(General Data Protection Regulation). *Official Journal of the European Union*, L 119, p. 1–88. https://eur-lex.europa.eu/eli/reg/2016/679/oj/eng

Federal Trade Commission(2022). Statement of Commissioner Alvaro M. Bedoya: Regarding Report to Congress on Combatting Online Harms Through Innovation Matter No. P214501. https://www.ftc.gov/system/files/ftc_gov/pdf/P214501AIReportBedoyaStatement.pdf

Federal Trade Commission(2022). Bringing dark patterns to light.

https://www.ftc.gov/system/files/ftc_gov/pdf/P214800%20Dark%20Patterns%20Report%209.14.2022%20-%20FINAL.pdf

Google Cloud(2024). The California Consumer Privacy Act(CCPA) and Consumer Privacy Rights Act(CPRA) Whitepaper. https://services.google.com/fh/files/misc/googlecloud_ccpa_ccra_whitepaper.pdf

Meta Transparency Center(2024). Integrity Reports, Fourth Quarter 2023. https://transparency.meta.com/ko-kr/integrity-reports-q4-2023/

State of California Department of Justice(2020). California Consumer Privacy Act(CCPA). https://oag.ca.gov/privacy/ccpa

08
다크 마케팅과 기업의 윤리적 전환

다크 패턴, 개인정보 침해, 딥페이크 기반 광고 등 기만적 다크 마케팅 기법이 확대되면서 기업과 소비자 간 신뢰가 흔들리고 있다. 이제 기업들은 단기적 수익 극대화를 위한 기만적 전략에서 벗어나, 소비자의 권리를 보호하고 신뢰를 구축하는 윤리적 마케팅으로 전환할 필요가 있다.

AI와 한의학?

윤리적 마케팅의 핵심 원칙

윤리적 마케팅은 소비자의 권리와 선택권을 존중하는 것을 기본 원칙으로 삼는다. 이는 투명성과 정직성을 바탕으로 브랜드와 소비자 간 신뢰를 구축하는 과정이며, 기업이 지속 가능성을 확보하는 데 필수적인 요소다. 윤리적 마케팅으로의 전환은 단순히 기업의 이미지 개선을 위한 전략이 아니라 지속 가능한 비즈니스 모델을 구축하기 위한 필수적인 패러다임 전환이며 다음과 같은 원칙 준수가 선행되어야 한다.

첫째, 투명한 정보 제공이 중요하다. 소비자는 제품과 서비스에 대한 충분한 정보를 제공받고 합리적 선택을 내릴 수 있어야 한다. 기업은 마케팅 전략을 수립할 때 소비자의 의사결정을 왜곡하는 방식(다크 패턴, 자동 결제 옵션 기본 설정 등)을 배제하고 정보의 가독성과 접근성을 개선해야 한다.

둘째, 개인정보 보호 및 데이터 윤리 준수가 필수적이다. AI 기반 마케팅이 확대되면서 기업들은 소비자의 행동 데이터를 실시간으로 분석하고 맞춤형 광고를 제공하고 있지만, 데이터 활용 방식이 불투명할 경우 소비자의 신뢰를 잃을 수 있다. 기업이 윤리적 마케팅을 실천하려면 소비자의 동의를 명확히 받고, 개인정보 활용 내역을 공개하며, 사용자가 자신의 데이터를 쉽게 관리할 수 있도록 해야 한다.

기업은 서비스 가입 시 개인정보 보호 설정을 쉽게 변경할 수 있는 방법을 안내하고, 데이터 수집에 대한 주기적인 알림을 제공함으로써 소비자가 자신의 데이터 활용 내역을 지속적으로 확인할 수 있도록 해야 한다. 또한 보안이 취약한 비밀번호 사용을 피하고 개인정보 보호 기능을 적극적으로 활용하는 등의 기본적인 보안 습관을 소비자에게 교육하는 것도 중요하다(Routledge, 2024).

셋째, 기만 광고 및 조작적 마케팅 기법 배제가 필요하다. 딥페이크 기술을 활용한 가짜 광고, 허위 리뷰, 소비자를 심리적으로 압박하는 마케팅 전략 등은 단기적으로는 효과를 볼 수 있지만 장기적으로는 브랜드 신뢰도를 저하시킨다. 윤리적 마케팅은 소비자가 광고를 신뢰할 수 있도록 정직한 정보를 제공하고, 과장 없이 제품의 가치를 전달하는 것을 목표로 해야 한다.

넷째, 사회적 가치를 반영한 브랜드 전략 수립이 필요하다. 지속 가능성, 환경 보호, 윤리적 생산 방식 등 사회적 가치를 고려하는 브랜드가 소비자들에게 더욱 신뢰를 얻고 있다. 윤리적 마케팅을 실천하는 기업은 상품 판매를 넘어 브랜드가 지향하는 가치와 소비자의 기대를 일치시키는 방향으로 캠페인을 전개해야 한다.

다섯째, 기업 내부적으로 윤리적 가이드라인을 마련하고, 마케팅 및 광고 담당자들에게 윤리 교육을 정기적으로 제공해야 한다. 윤리적 기준을 실천하는 것은 기업이 단순히 법적 문제를 회피하는 것이 아니라 장기적으로 소비자의 신뢰를 구축하고 브랜드 가치를 극대화하는 전략이 될 수 있다.

구글의 윤리적 AI 원칙 사례에서 나타나듯 기업 내부의 윤리심사위원회 설치가 중요하다. 2024년 국내 30대 기업을 대상으로 한 조사에서 윤리적 마케팅 전담부서를 보유한 기업은 전체의 18퍼센트에 불과했다. 마케팅팀, 법무팀, 소비자보호팀으로 구성된 통합 태스크포스(TF) 운영이 필요하다.

윤리적 마케팅을 실천하는 전략적 접근

2024년 닐센(Nielsen)의 글로벌 소비자 조사에서는 응답자의 73퍼센트가 윤리적 기준을 준수하는 브랜드에 더 높은 가격을 지불할 의사가 있다고 밝혔다. 이는 소비자들이 단순히 제품의 기능이나 가격뿐 아니라 브랜드의 가치와 사회적 영향력을 중요한 구매 결정 요인으로 고려하고 있음을 시사한다. 윤리적 마케팅으로 전환하기 위해 기업들은 다양한 실천 전략을 도입해야 한다. 이는 기존 마케팅 방식을 완전히 바꾸는 것이 아니라 점진적으로 소비자 중심 마케팅 접근 방식을 강화하는 과정이 되어야 한다.

우선 소비자가 광고 경험을 조정할 수 있도록 하는 기능을 도입해야 한다. 소비자의 관심을 분석해 AI 기반 맞춤형 광고를 제공하는 것은 효과적인 마케팅 전략이지만, 소비자가 광고를 차단하거나 조정할 수 없는 환경이라면 불공정한 방식이 될 수 있다. 기업은 소비자가 광고 노출 빈도를 조절할 수 있도록 하거나 특정 광고 유형을 차단할 수 있는 옵션을 제공함으로써 소비자의 선택권을 보장해야 한다.

또한 광고의 신뢰도를 높이기 위한 검증 시스템을 도입해야 한다. 최근 일부 기업들은 AI를 활용해 광고 내용을 자동 생성하고 있지만, 이는 소비자가 광고의 진위 여부를 판별하기 어렵게 만들 수 있다. 윤리적 마케팅을 실천하는 기업은 광고 내용이 객관적 데이터를 기반으로 작성되었는지 검증하는 프로세스를 구축해야 하며, 소비자가 광고를 신뢰할 수 있도록 브랜드 투명성을 강화해야 한다.

아울러 브랜드의 사회적 책임을 강조하는 캠페인을 운영해야 한다. 환경 보호, 공정 무역, 사회적 기여 활동 등 기업이 소비자와 함께 사회적 가치를 실현할 수 있는 마케팅 전략을 개발하는 것이 중요하다. 예를 들어 친환경 제품을 판매하는 브랜드는 제품 홍보를 넘어 환경 보호에 대한 인식을 높이는 캠페인을 병행해야 하며, 기업의 사회적 책임(Corporate Social Responsibility, CSR) 활동을 소비자와 공유하는 방식으로 브랜드 신뢰도를 높일 수 있다.

윤리적 마케팅 성공 사례

다크 마케팅과는 반대로 윤리적 마케팅을 실천하는 기업들은 장기적으로 소비자의 신뢰를 확보하며, 지속 가능한 성장을 이루고 있다. 대표적인 사례로는 파타고니아(Patagonia)와 유니레버(Unilever)가 있다.

파타고니아는 단순한 의류 브랜드가 아니라 환경 보호를 위한 지속 가능한 소비문화를 확산하는 브랜드로 자리 잡았다. 예컨대 "이 재킷을 사지 마세요(Don't Buy This Jacket)" 캠페인을 통해 불필요한 소비를 줄이고 내구성이 높은 제품을 선택하도록 소비자에게 권장하는 윤리적 마케팅을 실천했다.

유니레버는 지속 가능한 원재료 사용과 공정 거래를 강조하는 마케팅 전략을 채택하며 소비자들에게 기업의 사회적 책임을 적극적으로 홍보했다. 이러한 전략은 브랜드의 신뢰도를 높이는 동시에 윤리적 소비를 중시하는 소비자들에게 긍정적인 반응을 이끌어 냈다.

기업의 윤리적 다문화 마케팅도 사회적 책임으로 확장될 수 있다. 다양한 커뮤니티의 발전에 적극적으로 기여하는 브랜드는 이익을 넘어서는 헌신을 보여 준다. 예를 들어 스타벅스(Starbucks)의 "미국을 위해 일자리를 만들자(Create Jobs for USA)"라는 이니셔티브는 지역 경제를 지원하고 소외된 지역 사회에서 일자리 기회를 창출하는 것을 목표로 했고 큰 호응을 얻었다.

이처럼 윤리적 마케팅은 소비자와의 신뢰 관계를 강화하고 브랜드의 차별성을 부각하는 강력한 전략이 될 수 있다. 윤리적 마케팅 전략을 일관되게 실천하는 기업들은 장기적으로 더 강력한 브랜드 충성도를 확보할 수 있다.

윤리적 마케팅이 기업의 지속 가능성을 결정한다

다크 마케팅이 소비자 신뢰를 떨어트릴 위험이 커지면

서 윤리적 마케팅은 더 이상 선택이 아니라 필수적 요소가 되고 있다. 기만 광고 기법을 배제하고 투명한 정보 제공과 소비자 권리 보호를 중심으로 하는 마케팅 전략이 기업의 장기적 성공을 좌우할 것이다.

2023년 에델먼 트러스트 바로미터(Edelman Trust Barometer) 보고서에 따르면 기업의 윤리적 행동이 소비자 신뢰도에 미치는 영향력이 전년 대비 15퍼센트 증가했다. 이는 윤리적 마케팅이 단순한 홍보 전략을 넘어 브랜드와 소비자 간 정서적 유대를 형성하는 핵심 요소로 자리 잡고 있음을 보여 준다. 윤리적 마케팅은 기업 내부 문화에도 긍정적 변화를 가져온다. 2025년 딜로이트(Deloitte)의 밀레니얼 대상 설문 조사에서는 응답자의 82퍼센트가 자신의 가치관과 일치하는 기업에서 일하고 싶다고 답했다. 이는 윤리적 마케팅 전략이 우수한 인재를 유치하고 유지하는 데 중요한 역할을 할 것임을 시사한다.

윤리적 마케팅을 실천하기 위해 기업은 소비자의 선택권을 보장하고, 광고 신뢰도를 높이며, 사회적 가치를 반영한 브랜드 전략을 수립해야 한다. 윤리적 기준을 준수하는 마케팅은 브랜드의 평판을 보호할 뿐 아니라 기업의 지속 가능성과 경쟁력을 강화하는 핵심 요소로 작용할 것이다.

2024년 유럽연합의 디지털서비스법은 온라인 플랫폼의 투명성과 책임성을 크게 강화했으며, 이러한 규제 트렌드는 전 세계적으로 확산될 전망이다. 윤리적 마케팅 원칙을 선제적으로 도입한 기업들은 이러한 규제 변화에 더욱 유연하게 대응할 수 있을 것이다.

참고문헌

Deloitte(2024). Deloitte's 2024 Gen Z and Millennial Survey finds these generations stay true to their values as they navigate a rapidly changing world. https://www.deloitte.com/global/en/about/press-room/deloitte-2024-gen-z-and-millennial-survey.html

European Commission(2025). The Digital Services Act package. Shaping Europe's digital future, https://digital-strategy.ec.europa.eu/en/policies/digital-services-act-package

Gartner(2024). AI Regulations to Drive Responsible AI Initiatives, https://www.gartner.com/en/newsroom/press-releases/2024-02-29-ai-regulations-to-drive-responsible-ai-initiatives

Ipsos(2025). December 2024: Consumer confidence down globally for the second consecutive month. https://www.ipsos.com/en/ipsos-consumer-confidence-december-2024

Myers, J.(2025). Trust barometer: 4 steps to rebuilding trust.

World Economic Forum, https://www.weforum.org/stories/2023/01/edelman-trust-barometer-rebuilding-trust/

Routledge(2024.12.17). AI and Its Implications for Data Privacy. https://blog.routledge.com/science-and-technology/ai-and-its-implications-for-data-privacy/

09
다크 마케팅을 막기 위한 기술과 정책

다크 마케팅 관련 문제를 해결하기 위해 기업은 윤리적 마케팅을 실천하고, 정부는 효과적인 규제와 정책을 도입하며, 소비자는 광고 정보를 비판적으로 해석하는 능력을 강화해야 한다. 특히 AI 기반 마케팅이 더욱 정교해지고 자동화되는 만큼 이를 효과적으로 감시하고 조정할 수 있는 기술적 · 정책적 대응이 필수적이다.

AI와 화장품?

다크 마케팅을 억제하기 위한 기술적 대응

다크 마케팅을 방지하기 위해 AI와 데이터 분석 기술을 활용해 광고의 투명성을 높이고 소비자가 광고 경험을 더욱 효과적으로 제어할 수 있도록 하는 다양한 기술적 설루션이 등장하고 있다.

먼저 AI 기반 광고 감시 시스템 도입이 필요하다. AI는 소비자가 접하는 광고의 신뢰도를 평가하고 허위 광고나 조작된 콘텐츠를 자동으로 탐지하는 데 활용될 수 있다. 예를 들어 특정 광고가 과장된 정보를 제공하거나 클릭을 유도하기 위해 기만적 메시지를 사용하고 있다면 AI 알고리즘이 이를 감지하고 차단할 수 있다. 애피어(Appier)가 2017년 12월 12일에 발표한 보도 자료는 자사의 AI 기반 광고사기 탐지 모델이 전통적인 규칙 기반 모델보다 두 배 더 많은 사기성 거래를 식별할 수 있다고 밝혔다. 이는 AI 모델이 '카멜레온(chameleon)'이나 '인벤토리 버스트(inventory burst)'와 같은 정교한 사기 패턴을 효과적으로 탐지할 수 있음을 보여 주었다.

블록체인 기술을 활용하면 광고 투명성을 강화할 수 있다. 블록체인은 광고 거래 내역을 실시간으로 기록해 광고주와 플랫폼 간 신뢰를 확보하는 데 이바지할 수 있다. 예를 들어 블록체인을 활용하면 광고가 어떤 방식으로 소비자에게 노출되었는지 추적할 수 있으며, 클릭 사기와 같은 광고사기를 방지할 수 있다.

소비자가 광고 경험을 조정할 수 있는 기능 역시 도입해야 한다. 소비자의 관심을 분석해 AI 기반 맞춤형 광고를 제공하는 것은 효과적인 마케팅 전략이지만, 소비자가 이를 원치 않을 때 차단할 수 있는 기능이 제공되어야 한다. 예를 들어 특정 유형의 광고를 숨기거나 광고 노출 빈도를 소비자가 직접 조절할 수 있도록 하는 기술적 설루션이 필요하다.

디지털 지문 기술(digital fingerprinting)을 활용하면 광고사기를 방지할 수 있다. AI는 사용자의 행동 패턴을 분석해 봇과 실제 사용자를 구별할 수 있으며, 이를 통해 자동 생성된 가짜 클릭이나 허위 광고 노출을 효과적으로 차단할 수 있다.

다크 마케팅을 억제하기 위한 정책적 대응

기술적 대응은 다크 마케팅을 방지하는 데 중요한 역할을 한다. 하지만 더욱 근본적인 해결책은 정책적 대응을 통해 마련될 수 있다. 정부와 규제 기관은 디지털 광고 시장의 투명성을 보장하고 소비자의 권리를 보호하는 방향으로 정책을 설계해야 한다.

그러려면 먼저 개인정보보호법을 강화해야 한다. 다크 마케팅의 주요 문제 중 하나는 소비자의 개인정보가 동의 없이 수집되고 활용된다는 것이다. 유럽연합의 일반 데이터 보호 규정이나 미국 캘리포니아주의 소비자 개인정보보호법과 같이 개인정보보호법을 강화해 기업이 소비자의 데이터를 수집할 때 반드시 명확한 동의를 받고 소비자가 자신의 데이터를 관리할 수 있도록 해야 한다.

딥페이크 광고와 허위 정보에 대한 규제 역시 강화되어야 한다. 최근 딥페이크 기술을 활용한 광고가 증가하면서 소비자는 진짜와 가짜를 구별하기 어려운 환경에 놓였다. 이에 대응해 딥페이크 광고를 명확히 표시하는 법적 의무를 부과하고 허위 광고를 제작·배포하는 기업에 강력한 제재를 가하는 정책이 필요하다.

아울러 광고 플랫폼의 자율 규제 강화가 필요하다. 구글, 페이스북, 아마존과 같은 대형 광고 플랫폼은 AI에 기반해 광고를 자동으로 배치하고 있으며, 이 과정에서 다크 패턴이 활용될 가능성이 높다. 따라서 플랫폼은 광고의 신뢰성을 평가하는 자체적 윤리 기준을 마련하고 기만 광고를 차단하는 역할을 수행해야 한다.

소비자 보호 기구는 대중 교육의 역할을 강화해야

한다. 다크 마케팅 피해를 예방하기 위해 소비자가 광고 정보를 쉽게 신고할 수 있는 시스템을 구축하고, 소비자 보호 기관이 기업의 마케팅 전략을 감시하는 체계를 마련해야 한다. 소비자 교육의 핵심은 개인정보 보호의 중요성을 알리고 자신의 데이터가 어떤 방식으로 활용될 수 있는지 인식할 수 있도록 하는 것이다.

기업도 정기적인 소비자 교육 캠페인을 운영해 데이터 보호에 대한 인식을 높이고 소비자가 자신의 데이터 관리 옵션을 명확히 이해할 수 있도록 해야 한다. 한국소비자원의 2024년 실험 연구에서는 다크 패턴 식별 교육을 받은 집단의 오구매율이 63퍼센트 감소했다. 이에 따라 교육부는 2025년 중학교 디지털 시민교육 과정에 '온라인 설계 심리학' 단원을 포함시킬 예정이다.

윤리적 디지털 광고 생태계를 위한 협력 방안

다크 마케팅을 근절하고 윤리적 광고 환경을 조성하려면 기업, 정부, 소비자가 협력해야 한다. 우선 기업은 윤리적 마케팅을 실천하고 투명한 데이터 활용 정책을 수립해야 한다. 다크 패턴을 배제하고, 소비자가 광고 경험을 조정할 수 있도록 기능을 제공하며, 데이터 활용 방식을 명확히 설명해야 한다.

정부는 AI 기반 광고의 윤리적 기준을 마련하고 개인 정보 보호 규제를 강화해야 한다. 법적 규제 없이 기업의 자율적 노력만으로는 다크 마케팅 문제를 해결하기 어렵기 때문에 소비자를 보호하기 위한 법적 장치를 반드시 마련해야 한다. 2024년 5월 발표된 한국-유럽연합 디지털 파트너십 합의문에는 다크 패턴 규제 표준 통합 작업반 구성이 명시되었다. 특히 일반 데이터 보호 규정의 '설계에 의한 개인정보 보호(Privacy by Design)' 원칙과 한국의 '데이터 3법'을 연계한 기술 표준 개발이 진행 중이다.

소비자는 광고 정보를 비판적으로 해석하는 능력을 키우고, 개인정보 보호 설정을 적극적으로 활용해야 한다. 광고 정보를 무분별하게 수용하는 대신 신뢰할 수 있는 정보를 검토하고 기업의 마케팅 전략을 평가하는 태도를 길러야 한다.

기술과 정책의 조화를 통한 지속 가능한 마케팅 환경 구축

디지털 광고 시장에서 다크 마케팅은 소비자의 신뢰를 저하시키고 브랜드 가치에 부정적 영향을 미치는 요소로 작용하고 있다. 이를 방지하기 위해 기업은 윤리적 마케팅을 실천해야 하고, 정부는 강력한 법적 규제를 마련해야 하며, 소비자는 광고 정보를 비판적으로 검토하는 능력을 강화해야 한다. AI 기반 광고 감시 시스템, 블록체인에 기반한 광고 투명성 강화, 개인정보보호법 강화, 광고 플랫폼의 자율 규제 등의 전략을 종합적으로 실행하면 디지털 광고 시장은 더욱 투명하고 지속 가능한 방식으로 운영될 수 있을 것이다.

참고문헌

김지혜·나종연(2023). 디지털 소비자역량의 측정과 평가. ≪소비자문제연구≫, 55(1). https://www.kca.go.kr/home/board/download.do?bid=00000160&did=1003665271&fno=10042181&menukey=6102

Appier(2017.12.12). Sophisticated ad fraud can be tackled by AI: Appier. https://www.appier.com/en/press-media/sophisticated-ad-fraud-can-be-tackled-by-ai-appier

Interactive Advertising Bureau(2018). Blockchain for video advertising: A market snapshot of publisher and buyer use cases. https://www.iab.com/wp-content/uploads/2018/02/Blockchain_for_Video_Advertising_Publisher-Buyer_Use_Cases_2018-02.pdf

Opportunity Finance Network(2014). Six lessons learned from

Create Jobs for USA.
https://cdn.ofn.org/uploads/2022/02/24092640/six-lessons-learned-cj4usa.pdf
World Federation of Advertisers(2025.3.27). More than half of multinational brands plan to boost influencer market spend. https://wfanet.org/knowledge/item/2025/03/27/more-than-half-of-multinational-brands-plan-to-boost-influencer-market-spend

10
미래 마케팅과 광고윤리강령

광고윤리강령은 기업이 광고를 제작하고 운영하는 과정에서 준수해야 할 기준을 정립해 소비자 보호와 브랜드 신뢰 구축을 동시에 달성한다. 특히 디지털 광고 시장에서 AI와 자동화된 광고 기술이 보편화되면서 윤리적 가이드라인이 더욱 절실해지고 있다.

종교와 AI?

변화하는 마케팅 환경과 윤리적 과제

디지털 광고 시장은 AI와 데이터 기술을 기반으로 빠르게 변화하고 있다. 이에 따라 소비자 보호와 광고 윤리에 대한 논의가 중요해지고 있다. 미래의 광고 환경에서는 다음과 같은 변화가 예상된다.

첫째, AI 기반 광고와 알고리즘 마케팅이 확대될 것이다. 최신 AI와 머신러닝 알고리즘의 발전으로 초개인화된 광고가 디지털 마케팅의 주류로 자리 잡고 있다. 이 기술은 소비자의 행동 패턴, 선호도, 심지어 실시간 감정 상태까지 정밀하게 분석해 최적의 시점에 맞춤형 광고를 제공한다. 그러나 이러한 고도의 개인화는 소비자 프라이버시 침해와 자율성 제한에 대한 심각한 우려를 야기하고 있다. 특히 소비자의 의사결정 과정에 대한 과도한 개입이 윤리적 논란을 불러일으키고 있다.

둘째, 메타버스와 가상 공간에서의 광고가 증가할 것이다. 메타버스와 증강현실(Augmented Reality, AR) 기술이 발전하면서 기업들은 가상 공간에서 소비자와 상호작용하는 새로운 방식의 광고를 도입하고 있다. 메타버스 환경에서의 광고는 단순한 시청각적 경험을 넘어 완전한 몰입형 체험으로 진화하고 있다. 가상 세계 내에서 소비자들은 제품을 직접 체험하고 브랜드와 실시간으로 상호작용할 수 있게 되었다. 이러한 발전은 광고와 콘텐츠 간 경계를 모호하게 만들어, 소비자들이 상업적 메시지에 무의식적으로 노출될 위험을 증가시키고 있다. 따라서 메타버스 내 광고에 대한 명확한 가이드라인과 규제 체계의 수립이 시급한 과제로 대두되고 있다.

셋째, 광고업계에서 딥페이크 기술이 더욱 빈번하게 활용될 것이다. AI를 활용한 가짜 광고는 기존 광고와 비교할 수 없을 정도로 정교해졌으며, 유명인의 얼굴과 목소리를 합성해 제품을 홍보하는 사례가 등장하고 있다. 이러한 광고가 명확한 표기 없이 운영될 경우 소비자는 실제와 허구를 구별하기 어려워질 것이다.

넷째, 개인정보 보호와 데이터 활용 윤리성이 더욱 중요해질 것이다. AI 기반 광고는 소비자의 행동 데이터를 분석해 최적의 광고를 제공하지만, 이 과정에서 소비자의 동의 없이 개인정보가 활용되면 법적 · 윤리적 문제가 발생할 수 있다. 이에 대응해 기업들은 '동의 또는 유료' 모델 등 혁신적 접근 방식을 도입해 소비자에게 더 큰 선택권을 제공하고 있다. 이는 데이터 기반 광고의 지속 가능성을 확보하기 위한 중요한 전략적 변화로 평가된다.

이러한 변화 속에서 광고 시장이 지속 가능하게 발전

하려면 광고 윤리 기준을 새롭게 정립하고 기업과 정부, 소비자가 협력해 윤리적 광고 환경을 구축해야 한다.

해외 광고윤리강령과 주요 원칙

전 세계적으로 광고윤리강령은 진실성, 책임감, 공정성을 공통적으로 강조하고 있다. 각 국가와 지역의 문화적 · 사회적 특성을 반영하면서도 소비자 보호와 산업의 건전한 발전을 위한 기본 원칙을 공유한다. 이러한 자율규제 시스템은 빠르게 변화하는 디지털 광고 환경에 대응해 지속적으로 발전하고 있으며, 앞으로도 광고 산업의 윤리적 기준을 제시하는 데 중요한 역할을 수행할 것으로 전망된다.

국제적으로 국제상공회의소(International Chamber of Commerce, ICC)의 광고 및 마케팅 커뮤니케이션 규약은 전 세계적으로 광고 자율 규제의 기준점 역할을 하고 있다. 이 규약은 광고가 합법적이이어야 하고, 품위 있어야 하며, 정직하고 진실해야 한다고 강조한다. 또한 광고가 사회적 책임감을 바탕으로 준비되어야 하며, 공정 경쟁의 원칙을 준수하고 소비자의 신뢰를 훼손하지 말아야 한다는 점을 명시한다.

유럽에서는 유럽광고기준연맹(European Advertising

Standards Alliance, EASA)이 유럽 전역의 광고 표준을 조율하는 역할을 수행한다. 유럽광고기준연맹의 주요 원칙은 국제상공회의소의 규약과 유사하게 광고의 합법성, 품위, 정직성, 진실성을 강조한다. 아울러 사회적 책임감과 공정 경쟁의 원칙 준수, 광고에 대한 대중의 신뢰 유지를 중요한 가치로 내세우고 있다.

미국에서는 전국광고주협회(Association of National Advertisers, ANA)의 윤리 강령이 광고 제안, 특정 대상(아동, 노인, 장애인 등)에 대한 고려, 다양성과 포용성, 데이터 프라이버시, 보안 및 관리, 규제 대상 제품(담배, 주류 등)에 대한 광고, 디지털 혁신(AI, 기계학습, 자동화 처리) 등 광범위한 영역을 다루고 있다. 이는 미국의 광고 산업이 직면한 다양한 윤리적 과제를 반영한다.

호주전국광고주협회(Australian Association of National Advertisers, AANA)의 윤리 강령은 광고가 합법적이고 정직하며 진실해야 한다는 기본 원칙을 제시한다. 또한 인간의 존엄성을 존중하고, 소비자와 사회에 해를 끼치지 말아야 하며, 경쟁사에 대해 공정하고 책임감 있게 행동해야 한다는 점을 강조한다. 이는 호주 사회의 가치관과 윤리적 기준을 반영한다.

국내 광고윤리강령과 주요 원칙

2024년 개정된 광고윤리강령은 디지털 광고 시장의 변화를 반영해 새로운 윤리적 기준을 제시하고 있다. 이번 개정에는 한국광고총연합회, 한국광고산업협회, 한국디지털광고협회 등 17개 광고 관련 단체가 참여했다. 개정된 광고윤리강령은 AI 기술을 활용한 다크 마케팅, 데이터 보호, 광고의 신뢰성 확보 등의 내용을 중심으로 총 아홉 가지 항목을 포함하고 있다.

개정된 광고윤리강령의 주요 내용은 다음과 같다.

① 광고는 소비자의 권리를 보장하고 삶의 질 향상에 기여한다.

② 광고는 진실해야 하며, 소비자의 신뢰를 얻어야 한다.

③ 광고는 법과 윤리 규범을 준수한다.

④ 광고는 허위, 기만, 과장, 비방 표현 등으로 소비자를 현혹하지 않는다.

⑤ 광고는 사회적 갈등 및 차별을 정당화 · 조장 · 강화하는 표현을 하지 않는다.

⑥ 광고는 어린이와 청소년의 신체적, 정신적 건강에 유해한 표현을 하지 않는다.

⑦ 광고는 창의적이어야 하며 타인의 권리를 침해해서는 안

된다.

⑧ 광고는 공정하고 자유로운 거래를 원칙으로 한다.

⑨ 광고는 데이터 및 AI 알고리즘 등 디지털 기술을 사용하는 데 있어 소비자의 권익을 보호한다.

이 개정은 광고의 신뢰성과 윤리성을 강화하는 데 중요한 이정표가 될 것이며, 기업이 광고를 운영하는 과정에서 반드시 준수해야 할 원칙으로 작용할 것이다.

윤리적 마케팅을 위한 협력 방안

광고윤리강령이 마케팅 업계에 효과적으로 적용되려면 기업, 정부, 소비자가 각각의 역할을 수행하며 협력해야 한다. 기업은 윤리적 마케팅을 실천하고 광고 윤리 기준을 강화해야 한다. 광고 콘텐츠의 투명성을 높이고, 소비자의 개인정보를 보호하며, 기만 광고 기법을 배제하려는 노력이 필요하다. 정부는 디지털 광고 시장의 법적 규제를 강화해야 한다. AI 기반 광고, 딥페이크 광고, 개인정보 보호 문제 등 새로운 윤리적 과제에 대응할 수 있는 법률을 마련하고, 기업이 광고윤리강령을 준수하도록 감시해야 한다.

소비자는 광고 정보를 비판적으로 검토하고, 윤리적

기준을 준수하는 브랜드를 지지해야 한다. 광고가 기만적이거나 소비자의 권리를 침해하는 경우 이에 대한 의견을 적극적으로 표명하고 광고 시장의 투명성을 높이는 역할을 수행해야 한다.

디지털 광고 시장이 지속 가능하게 발전하려면 광고윤리강령을 중심으로 기업, 정부, 소비자가 협력해 윤리적 광고 환경을 조성해야 한다. AI와 빅데이터가 마케팅을 혁신하는 도구로 활용되는 만큼 소비자의 권리를 보호하고 광고의 신뢰성을 유지하는 것이 필수적이다. 광고윤리강령이 정착할 때 기업과 소비자는 신뢰를 바탕으로 더욱 건강하고 지속 가능한 광고 환경을 구축할 수 있을 것이며, 디지털 마케팅은 윤리적 기준을 준수하는 방식으로 발전할 수 있을 것이다.

참고문헌

Association of National Advertisers(2023). ANA Ethics Code of Marketing Best Practices. https://www.ana.net/content/show/id/accountability-chan-ethicscode-final

Australian Association of National Advertisers(2021). Code of Ethics. https://aana.com.au/self-regulation/codes-guidelines/code-of-ethics/

Flexe.io(2025.1.28). Advertise in the Metaverse in 2025: 5 Trends Reshaping Digital Ads.
https://flexe.io/blog/advertise-in-the-metaverse-2025-trends/

Growth Hackers(2025). The Future of Digital Advertising Ethics: Trends and Innovations.
https://www.growth-hackers.net/the-future-of-digital-advertising-ethics-ethical-trends-innovations-marketing/

International Chamber of Commerce(2018). ICC Advertising and Marketing Communications Code.
https://iccwbo.org/wp-content/uploads/sites/3/2018/09/icc-advertising-and-marketing-communications-code-int.pdf

International Chamber of Commerce(1997). ICC International Code of Advertising Practice.
https://training.itcilo.org/actrav_cdrom1/english/global/guide/iccadv.htm

유승철

이화여자대학교 커뮤니케이션·미디어학부와 포스트휴먼 융합인문학 협동과정에서 뉴미디어와 디지털 광고·마케팅을 연구하며 후학을 양성하고 있다. 미국 텍사스대학교에서 광고학 박사학위를 취득한 후 미국 시카고의 로욜라대학교에서 조교수로 재직하며 국제적인 경험을 쌓았다. AI 기반 디지털 마케팅, 다크 마케팅, 광고 심의, 소비자 권익 보호에 초점을 맞춰 연구하고 있으며, 광고 윤리 및 규제 정책 분야에서 학문적·실무적 기여를 이어 가고 있다. 2023년부터 한국광고주협회(KAA) 광고주협회보 위원장을 맡고 있으며, 2024년 한국광고총연합회의 '한국광고윤리강령' 개정 작업에 참여하는 등 광고 산업의 윤리적 기준 정립과 정책 수립에도 적극적으로 기여하고 있다. 미디어산업발전에 이바지한 공적을 인정받아 2021년 12월 문화체육관광부장관 표창을 수상했다.